本丛书是

国家社会科学基金"十三五"规划教育学重大招标课题"中国特色社会主义教育理论体系研究"(课题批准号:VAA190001)之成果

上海市社会科学界联合会中国教育学学术话语体系与创新研究基地成果

"生命·实践"教育学研究丛书
总目

1. 理论基石：叶澜教育思想的概念生成研究　　　伍红林　侯怀银◎著

2. 回到元点：叶澜教育思想的形上之维　　　　　孙元涛　刘良华◎著

3. 理实转化：叶澜"教育理论—实践观"研究　　　　　　　李政涛◎著

4. 现代转向：叶澜学校变革思想研究　　　　　　　　　　卜玉华◎著

5. 生命自觉：叶澜教育价值思想研究　　　　　　　　　　张向众◎著

6. 天地人事：叶澜终身教育思想研究　　　　　　　　　　李家成◎著

7. 成己成人：叶澜教师观解读　　　　　　　　　　　　　王　枬◎著

8. 诗性智慧：叶澜教育研究的审美意蕴探究　　　张　永　庞庆举◎著

9. 生成之路：叶澜与"生命·实践"教育学派创建　　　　　袁德润◎著

丛书责编　韩华球　刘立德

本卷责编　曾红梅

"十四五"国家重点图书出版规划项目

"生命·实践"教育学研究丛书

王枬 李政涛 ◎ 主编

理论基石：
叶澜教育思想的概念生成研究

伍红林 侯怀银 ◎ 著

中国教育出版传媒集团

人民教育出版社

·北京·

图书在版编目（CIP）数据

理论基石：叶澜教育思想的概念生成研究/伍红林，侯怀银著. —北京：人民教育出版社，2022.4
（2023.7重印）

（"生命·实践"教育学研究丛书/王枬，李政涛主编）

ISBN 978-7-107-36482-2

Ⅰ.①理… Ⅱ.①伍… ②侯… Ⅲ.①叶澜—教育思想—研究 Ⅳ.①G40-092.76

中国版本图书馆CIP数据核字（2022）第018173号

理论基石：叶澜教育思想的概念生成研究

出版发行	人民教育出版社
	（北京市海淀区中关村南大街17号院1号楼　邮编：100081）
网　　址	http://www.pep.com.cn
经　　销	全国新华书店
印　　刷	山东临沂新华印刷物流集团有限责任公司
版　　次	2022年4月第1版
印　　次	2023年7月第2次印刷
开　　本	787毫米×1 092毫米　1/16
印　　张	14.25
字　　数	219千字
印　　数	2 001～4 000册
定　　价	55.00元

版权所有·未经许可不得采用任何方式擅自复制或使用本产品任何部分·违者必究
如发现内容质量问题、印装质量问题，请与本社联系。电话：400-810-5788

总 序
学派建设：在深究与阐述中共进

为他人研究我的教育思想的丛书写序，这是我有生以来第一次，可以肯定也就这么一次了。何以如此？是自我膨胀到无以复加的地步了？非也。我可以肯定地回答，头脑尚清醒。说到底，只因这里的"他人"是特殊的"他人"，是我的学生，更重要的是，他们是"生命·实践"教育学派团队的核心成员。我这样做，是出于现阶段本学派建设的需要：完成代际转换。

也许是因为忙碌，不知不觉间，我已跨入晚年这一生命的最后阶段。若问什么是还让我操心和放不下的，那就是"生命·实践"教育学派的持续发展。作为首创者，我有不可推卸的责任，就是使他们——既是学派建设的参与者，又是今后学派建设后续的中坚力量，有更长足的学术成长与发展。我认为，学派建设需要他们对我的教育思想有作为学派成员意义上的、更为深入的了解和研究。于是我生出此意：趁我现在尚清醒，开始推动"'生命·实践'教育学研究丛书"的写作。大家对此欣然赞同。自2018年3月桂林会议始，至今年3月已整整三年了。大家先是各自按自己的研究基础和兴趣做选择、提出专题，然后再共同讨论。从确定丛书的书目，到一本本提纲的讨论，线上线下，一次、二次……直到大家思路基本一致，每个人才开始写作。丛书共9卷，由王枬、李政涛任主编。因我是全过程的参与者，大家给了我一个相对轻松的任务：写丛书总序。

　　对年轻人过多的操心和不放心，也许是老年人的通病。我在学派建设上尤其如此。进入2021年5月，我连续几天通读了每一部发给人民教育出版社的书稿，知道自己过虑了。从提交的书稿看，作者都尽心尽力地做着，不仅大量阅读了我的论文、专著、讲话稿，而且大量阅读了相关主题的国内外论著，在阐发中拓展和深化了对学派关键性问题的认识。无论是对概念、元研究、教育价值、学校改革大主题的研究，还是从理论与实践的转化、教师发展、终身教育、审美等多维度切入的研究，包括相当详细的学派创生史的撰述，都让我为他们的视界和深思、学术上的成熟和个性呈现而惊喜。我实在是"多虑"了。其实，何止"多虑"，我在不少方面已不如他们了。他们已经发我之未发，述我之未述，清我之未清，理我之未理了。

　　我为有这样一支来自曾是我的学生的学派创建的合作者和新生代的力量而倍增信心。多年来，我读他们的时候为多，这套丛书是他们合在一起读我。学派建设初期，这样的队伍结构不可避免，但随着我的淡出，他们将站在学派建设的舞台中央。这次是他们第一次集中的群体亮相。其中，可以读出的不仅是他们在学术和思想、功底和才华上各有千秋，还可以读出一起成长的浓浓的师生情和创建学派的共同追求。

　　情，是要一起做成任何事不可或缺的黏合剂，但也许正是"情"，会妨碍、局限和遮蔽他们对我思想的不足及问题的深度揭示与批判。但无奈，我只能先让非我的"局中人"来写。书稿完成以后的公开出版，正是为了让更多的"非局中人"来审视我和他们，对促进我们的学派建设提出批评和帮助,也期望能为中国教育学的建设、为更多学派的诞生提供资源或借鉴。

借此序,我讲出自己的心愿和期望;借此序,我表达对团队的深深感激;借此序,我深谢人民教育出版社,这一素以稳健持重享有盛誉的教育出版社,助"生命·实践"教育学派这个尚还幼稚的学术生命体一臂之力。尤谢各位责编的鼎力相助。

叶澜

2021年5月9日于上海

本卷前言

叶澜是当代中国具有代表性的教育学家，近六十年的学术生涯中发表著述千万余字，在教育理论和实践界产生了广泛影响。多年来，其教育思想持续发展。不同时期，她对教育及教育学诸多关键问题的探索不断有新突破，如教育理论与实践的关系、教育学的学科性质与独立性、教育与教学等常规概念的新认知、教育与人的关系研究等等；还开创了许多新的研究领域，如教育及教育学与技术的关系[①]、社会教育力（社会的教育责任）[②]、教育及教育学的自然之维[③]等等，表现出鲜明的原创性、旺盛的生成性和与时俱进性。这些研究，对外相对其他学科努力厘定和坚守教育学的学科边界，捍卫教育学的学科尊严；对内不断提醒教育学人的学科自觉、学科立场和学科自信，辨析乱象、拓展深化，指出教育学理论可能的发展

---

① 2004年叶澜就关注信息化背景下人的发展和学校变革问题，在2006年主持召开以"教育理论与技术的对话"为主题的学术研讨会上，提出信息化的存在形态至少涉及三个层面：基础性的技术存在、结构性的社会存在和生命性的个体存在。这与近年来兴起的人工智能背景下教育及教育学与技术关系的研究形成了呼应。

② 叶澜.社会教育力：概念、现状与未来指向[J].课程·教材·教法，2016（10）：3-10.

③ 叶澜.溯源开来：寻回现代教育丢失的自然之维——《回归突破："生命·实践"教育学论纲》续研究之二（上编·其一）[J].教育发展研究，2018（2）：1-13；叶澜.溯源开来：寻回现代教育丢失的自然之维——《回归突破："生命·实践"教育学论纲》续研究之二（上编·其二）[J].教育发展研究，2018（3）：26-37；叶澜.溯源开来：寻回现代教育丢失的自然之维——《回归突破："生命·实践"教育学论纲》续研究之二（中编）[J].中国教育科学，2020（1）：3-17；叶澜.溯源开来：寻回现代教育丢失的自然之维——《回归突破："生命·实践"教育学论纲》续研究之二（下编）[J].中国教育科学，2020（2）：3-29.

方向。她的研究引发了学界广泛关注,正转化成为一些教育学人的研究对象,如有人研究她的人学教育学思想①,有人研究她教育思想中的"隐喻"②,有人研究她的教学论思想③,等等。相信以后相关研究还会越来越多并进一步扩展深化。

本书聚焦于叶澜教育思想的核心概念及其生成。"所有科学努力的目标,是要形成一个知识总体,即知识系统。建造科学系统的砖瓦是概念。"④在某种程度上可以说,科学始于概念。⑤尤其是学科的核心概念,犹如学科骨架,是理论体系的基因和基石,是学科理论重建的重要支撑,也是评判学科理论水平的关键标准。"任何一门学科的研究都始于核心概念。核心概念嬗变与重构往往意味着一个新研究领域的开启,要采用新的研究方法,从新的研究视角,对新的研究对象进行新的研究;意味着以新的方法论对既有的问题做出新解答,或对新问题进行创造性解释;意味着一种新理论、新思想、新方法论的诞生。"⑥我们通过探讨叶澜教育思想中的核心概念及其生成,力图为关注或研究叶澜教育思想的学人提供参考,更为当代中国教育学理论的整体重建提供一种参照。

由于叶澜的教育研究涉猎甚广,本书主要依据其学术思想的内在理路,就教育基本理论、教育研究方法论、教育实践变革及"生命·实践"教育学四大领域的概念进行挖掘。即使是这四大领域,

---

① 余小茅,毛丹丹.试论叶澜人学教育学思想[J].基础教育,2019(6):5-11.
② 高维,郝林玉.教育隐喻与理论创新——叶澜先生教育思想中的隐喻研究[J].基础教育,2019(1):5-14.
③ 王明娣,王鉴.论叶澜先生的课堂教学论思想[J].西北师大学报(社会科学版),2015(1):68-72.
④ 费尔伯.术语学、知识论和知识技术[M].邱碧华,译.北京:商务印书馆,2011:125.
⑤ 杨晓雍.科学始于概念[J].科学技术哲学研究,1990(4):16-20.
⑥ 谭维智.教育学核心概念的嬗变与重构——基于新时代中国特色教育学话语体系建构的思考[J].教育研究,2018(11):25.

亦是概念众多，因此只聚焦于核心概念或相应领域的"大概念"，以此统领下属的其他"小概念"，由"概念群"呈现这一领域的大致轮廓（每一章的第一部分用图示表达了该轮廓的基本框架）。在阐述时，努力做到概念维度、层次、内涵等方面的描述不失真，尽力展示相关概念在叶澜不同时期教育研究中的生成演变过程。如对"生命自觉"，努力揭示"个体能动性→自我意识、自我教育能力→理想新人→生命自觉"的发展过程。当然，这样处理无疑会挂一漏万，且由于我们的理解和水平有限，在阐析上难免出现偏差。对此，请读者提出宝贵意见和建议。

本书第一章的写作由侯怀银负责[①]，其他各章的写作由伍红林负责。

伍红林　侯怀银
2021年5月18日

（伍红林系江南大学教育学院教授、华东师范大学"生命·实践"教育学研究院研究员，侯怀银系山西大学教授、博士生导师）

---

① 郭建斌、石艳、梁林珍、宋美霞、席强强、王晓丹、原左晔、周郅壹参与了第一章材料的整理。

目 录

第一章 教育基本理论的概念生成 / 1

一、教育基本理论思想的框架与发展历程 / 1
（一）教育基本理论思想的框架 / 1
（二）教育基本理论思想的发展历程 / 2

二、教育基本理论思想的概念生成 / 9
（一）教育 / 9
（二）教学 / 12
（三）教育学 / 18
（四）个体发展 / 26
（五）社会教育力 / 36
（六）教育的自然之维 / 41

三、教育基本理论思想的主要贡献 / 47
（一）提出了教育基本理论研究的新学说 / 48
（二）开拓了教育基本理论研究的新领域 / 48
（三）推进了教育基本理论研究的新发展 / 49

第二章 教育研究方法论的概念生成 / 50

一、教育研究方法论思想的框架与发展历程 / 51
（一）教育研究方法论思想的框架 / 51
（二）教育研究方法论思想的发展历程 / 52

二、教育研究方法论思想的概念生成 / 56

（一）教育存在 / 57
　　（二）事理研究 / 60
　　（三）具体综合 / 64
　　（四）深度介入 / 70
　　（五）以身立学 / 82
三、教育研究方法论思想的主要贡献 / 89
　　（一）建构了教育研究的方法论系统 / 89
　　（二）回答了教育研究的系列问题 / 89
　　（三）提供了教育研究的方法论路径 / 90

第三章　教育实践变革思想的概念生成 / 92

一、教育实践变革思想的框架与发展历程 / 93
　　（一）教育实践变革思想的框架 / 93
　　（二）教育实践变革思想的发展历程 / 94
二、教育实践变革思想的概念生成 / 97
　　（一）学校转型性变革 / 98
　　（二）学校管理 / 111
　　（三）课堂教学 / 123
　　（四）学生工作 / 133
　　（五）教师 / 139
　　（六）研究性变革实践 / 144
三、教育实践变革思想的主要贡献 / 146
　　（一）形成了当代中国学校转型性变革的系统理论 / 146
　　（二）走出了当代中国学校转型性变革的实践道路 / 147
　　（三）创生了推进当代中国学校转型性变革的方法论 / 147

第四章 "生命·实践"教育学的概念生成 / 149

    一、"生命·实践"教育学思想的框架与发展历程 / 149
        （一）"生命·实践"教育学思想的框架 / 149
        （二）"生命·实践"教育学思想的发展历程 / 150

    二、"生命·实践"教育学思想的概念生成 / 161
        （一）学科立场 / 161
        （二）"生命·实践" / 173
        （三）生命自觉 / 183

    三、"生命·实践"教育学思想的主要贡献 / 198
        （一）清理了当代教育学重建的根基 / 198
        （二）深化了当代中国教育学重建的努力 / 198
        （三）融通了当代教育学重建与中国文化传统的关联 / 199

参考文献 / 200
后记 / 205

第一章 教育基本理论的概念生成

> 真正的创新和原创,要求研究者用自己的眼睛去看,用自己的头脑去想,用自己的心灵去感受和体验真实发生着的教育世界的变化,用自己的智慧和实践去探索教育变革和教育理论的发展。这里没有捷径,来不得浮夸,不可能速成,也不会天天出新。唯有如此,才可能真正实现创新和原创。
>
> ——叶澜

一、教育基本理论思想的框架与发展历程

教育基本理论的根本性质在于它是一种把握教育存在的方式,"形而上学"和"智慧之学"是其要义。[1]叶澜长期扎根教育基本理论研究,形成了独特的教育基本理论思想框架,生成了教育基本理论的核心概念。

(一)教育基本理论思想的框架

教育基本理论是对于诸如教育的原点问题、根源问题等教育基本问题的根本回答。所谓根本回答就是对这些基本问

---

[1] 李政涛.什么是"教育基本理论"[J].高等教育研究,2020(3):1-17.

题的形而上思考与探索。教育基本理论研究一直是叶澜教育学研究的重要方面。整体而言，其教育基本理论思想包括相互联系又相对独立的五个方面：教育论、教育关系论、教育活动论、教育事业论、教育研究论。其中，教育论主要涉及教育的起源、教育的概念、教育存在等方面，教育关系论则是有关教育与人、教育与社会、教育与自然之间关系的创新性认识，教育活动论集中探讨教师、学生、课堂等方面，教育事业论主要是对学校变革的研究，教育研究论体现为教育研究方法及研究方法论、教育学论等方面（具体如图1-1所示）。

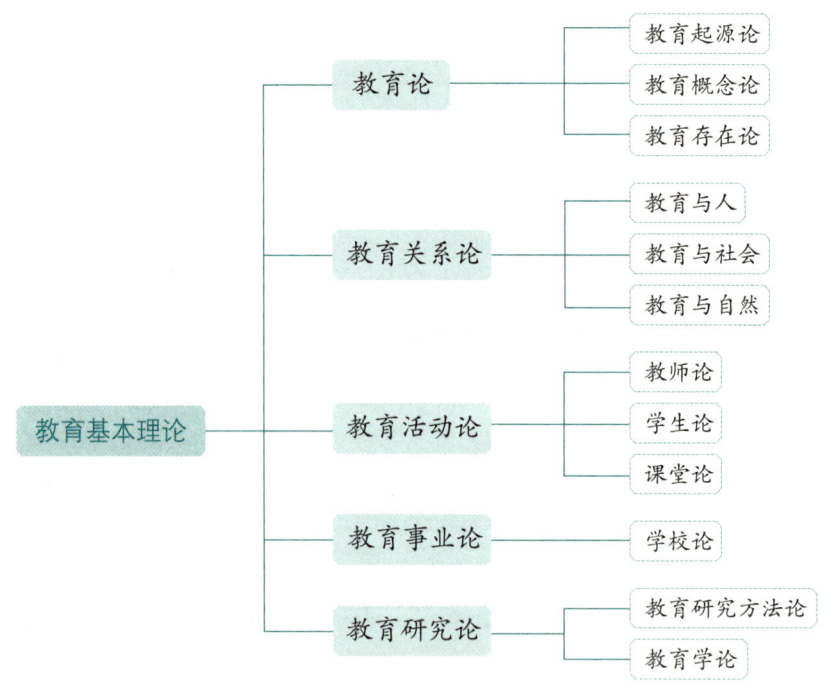

图1-1 叶澜教育基本理论思想的框架

（二）教育基本理论思想的发展历程

2000年，叶澜在《反思 学习 重建——十五年学术探索的回顾》一文中系统梳理了自己十五年来的学术探究历程，并将其划分为1983年至20

世纪80年代末和20世纪90年代至2000年两个阶段。^①后来，在2015年出版的《回归突破："生命·实践"教育学论纲》一书中，叶澜对学派生成历程进行了回溯性分析，认为学派发展经历了孕育期（1983—1991年）、初创期（1991—1999年）、发展期（1999—2004年）、成形期（2004—2009年）、通化期（2009年始，尚在进行中）五个阶段。^②在这里，她其实是以学派的发展为基础去回顾自己的学术研究历程。结合这两部分的内容，我们拟就叶澜教育基本理论思想的发展历程进行梳理。

1. 第一阶段（1958—1982年）

任何人物的思想诞生不是一瞬间的事，必然有着较长时间的积淀。叶澜教育基本理论思想的形成和发展也不例外，其奠基过程主要表现在三个方面。

其一，华东师范大学的学习经历。叶澜出身于教师家庭，她的父亲是一名小学教师，耳濡目染师生之间深厚情感的她自小就立志成为一名教师。为了当一名好教师，1958年，叶澜报考了华东师范大学，并以第一志愿考入该校教育系（2002年改称教育学系），1962年毕业。^③华东师范大学有着优良的教育学传统，著名教育学家孟宪承、刘佛年等在这里任教。叶澜在华东师范大学教育系学习的经历为其教育基本理论思想奠定了一定基础。

其二，华东师范大学附属小学的任教经历。大学毕业后，叶澜选择了留校任教，最初两年在华东师范大学附属小学担任班主任和语文教师，也正是这两年的实践锻炼，让她与基础教育结下了不解之缘。尽管在她看来，这是

---

① 叶澜.反思 学习 重建——十五年学术探索的回顾[J].天津市教科院学报，2000（4）：4-13.

② 叶澜.回归突破："生命·实践"教育学论纲[M].上海：华东师范大学出版社，2015：4-30.另见：叶澜."生命·实践"教育学派——在回归与突破中生成[J].教育学报，2013（5）：3-23.

③ 李政涛.追寻中国教育学重建的原点——"生命·实践"——叶澜学术思想及研究实践述要[J].国家教育行政学院学报，2005（12）：6-14.

一种失败的体验，但使她真实地感受到担当小学教师的困难和"理论"在"实践"面前的无用。教育是一种实践活动，没有深刻的实践体验，仅从理论上对教育的认识有可能是无根的认识，必然头重脚轻。两年的小学教育教学经历奠定了叶澜思考教育基本理论及理论与实践关系的实践基础。

其三，南斯拉夫的访学经历。1980—1982年，叶澜赴南斯拉夫访学，在异国读书、听课、参与大学课堂讨论、访问小学的见闻为其教育基本理论思想的形成奠定了异域的理论和实践基础。

2. 第二阶段（1983—1991年）

自南斯拉夫访学回国后，叶澜于1983年开始独立承担"教育概论"课程的教学工作。1991年，她将该门课程的讲义以《教育概论》为名出版。

这一阶段，叶澜以"教育概论"课程为载体，系统分析了教育的起源、教育的概念、教育的基本要素以及教育与社会、人之间的关系。除了《教育概论》这本书之外，这一阶段还有三篇文章反映了叶澜的教育基本理论思想。第一篇是《论影响人发展的诸因素及其与发展主体的动态关系》。在这篇文章中，叶澜从新的思路出发探讨了教育与人的发展之间的关系，提出了影响人发展的二层次三因素论。第二篇是《关于加强教育科学"自我意识"的思考》。在此文中，叶澜系统梳理了当时研究者关于"教育学发展缓慢"的思考，提出缺少学科自我意识这一内机制是造成教育科学发展缓慢的重要原因。第三篇是《试论当代中国教育价值取向之偏差》。该文反思了研究者关于教育功能的研究，认为已有研究强调教育的社会工具价值，尤其是教育的政治功能，却忽视教育培养人这一最直接的功能，即育人功能。

综观这一阶段叶澜的教育基本理论思想，表现出以下几个特征。

第一，原创性。正如叶澜所言："《教育概论》没有抄谁的，是自己一段实践研究的一系列思想的汇集，用的是自己的语言。我就是把自己心里流出来的话写在纸面上。"①无论是教育起源于交往的认识，还是教育的概念，以及教育与社会、人的关系的研究，都体现了叶澜教育基本理论思想的原创性。

第二，反思性。综观叶澜这一阶段的教育基本理论思想，可以说不是空想出来的，而是在反思已有研究的基础上形成的。她具有时代的敏锐性，能够努力把握住时代的脉搏，认清时代需要什么样的教育基本理论。

第三，穿透性。这是指叶澜的教育基本理论研究能够穿透已有的认识成果，直达教育最基本、最核心的要处。关于教育起源的认识，前人已经形成了神话起源说、心理起源说、生物起源说、劳动起源说等认识，叶澜没有盲从，而是从教育最核心处分析，认为教育起源于交往。关于教育的功能、教育和人的关系，概莫能外。

3. 第三阶段（1992—2003年）

进入20世纪90年代，叶澜的教育基本理论研究不再局限于"教育概论"课程所涉及的内容，而是进一步走向教育实践的场域，实现了教育理论与实践的交互生成、互相滋养、共同建构。1991—1999年，叶澜发表的一系列教育理论研究文章大多是教育改革实践的研究成果。②1992—2003年，叶澜的主要成果有《基础教育与学生自我教育能力发展》《"新基础教育"探索性研究报告集》《时代精神与新教育理想的构建——关于我国基础教育改革的跨世纪思考》《世纪之交中国学校教育文化使命之思考》《让课堂焕发出生命活力——论中小学教学改革的深化》《更新教育观念，创建面向21世纪的新基础教育》《教育研究方法论初探》《把个体精神生命发展的主动权还给学生》《论教师职业的内在尊严与欢乐》《在学校改革实践中造就新型教师——〈面向21世纪新基础教育探索性研究〉提供的启示与经验》《重建课堂教学价值观》《重建课堂教学过程观——"新基础教育"课堂教学改革的理论与

---

① 叶澜.反思 学习 重建——十五年学术探索的回顾[J].天津市教科院学报，2000（4）：7.
② 叶澜.回归突破："生命·实践"教育学论纲[M].上海：华东师范大学出版社，2015：9.

实践探究之二》《教育创新呼唤"具体个人"意识》《改革课堂教学与课堂教学评价改革——"新基础教育"课堂教学改革的理论与实践探索之三》《世纪初中国教育理论发展的断想》《思维在断裂处穿行——教育理论与教育实践关系的再寻找》等等。

这些成果既有论文，也有专著，还有研究报告。其中较为重要的是叶澜关于教育研究方法论的研究，即《教育研究方法论初探》一书。在该书中，叶澜基于"教育存在"这一教育学研究对象，分析了教育研究的性质、教育研究的特殊性、教育理论与实践的关系等教育研究方法论的不同方面。

系统分析叶澜这些研究成果所呈现的教育基本理论思想，我们认为其体现了以下三个特征。

第一，实践性。这一阶段，叶澜的教育基本理论思想体现了鲜明的实践性，她对基础教育学校、课堂、教学、教师等的思考主要在实践中进行，以推进中国基础教育的实践变革为目的，并以"新基础教育"研究为载体。在这方面，叶澜有诸多成果，尤以《思维在断裂处穿行——教育理论与教育实践关系的再寻找》为代表。在该文中，叶澜认为，建立教育理论研究者、教育实践工作者、教育行政人员这三支能自觉进行自我更新的主体队伍，三者之间互补互动、通力合作，新世纪中国教育理论与教育实践新型发展关系的建立才能实现。[①]叶澜如此说，她以及她领导的团队也如此去做。

第二，时代性。面对时代的发展，教育到底如何应对，教育到底如何体现时代精神，是这一阶段叶澜着重考虑的问题。基于对时代精神的解读和研判，叶澜进行了系列"重建"：重建课堂观、重建教学观、重建教学评价观、重建教师观等等。这些系列"重建"建立在叶澜对教育中"具体个人"的认识基础上。这一认识突破了就教育谈教育、就教师谈教师的局限，真真切切地关注教育中具体的个人，特别是学生这一主体。叶澜呼吁：把课堂还

---

① 叶澜.思维在断裂处穿行——教育理论与教育实践关系的再寻找[J].中国教育学刊，2001(4)：1-6.

给学生，让课堂焕发出生命活力；把班级还给学生，让班级充满成长气息；把创造还给教师，让教育充满智慧挑战；把精神发展的主动权还给师生，让学校充满勃勃生机。①

第三，先行性。叶澜提出，在教育实践研究中，教育理论要适度先行。叶澜认为她所主持的实践研究是在理论，尤其是教育理念和理论参照系适度先行转型的前提下，进入学校实践，和参与改革实验的学校教育工作者一起，从事学校变革的创造性研究。②在教育理论和教育实践的关系方面，叶澜认为教育理论要适度先行，其教育基本理论思想也体现了这一点。

4. 第四阶段（2004年至今）

2004年2月，《教育研究》杂志第2期以"本刊记者"的名义发表了《为"生命·实践教育学派"的创建而努力——叶澜教授访谈录》，这标志着叶澜的教育基本理论研究进入了一个新阶段，即学派建设与教育基本理论思想发展齐头并进的阶段。这一阶段，她的教育基本理论思想主要体现在《当代中国教育变革的主体及其相互关系》《21世纪社会发展与中国基础教育改革》《学校转型性变革中的评价改革——基于"新基础教育"成型性研究中期评估的探究》《"新基础教育"论——关于当代中国学校变革的探究与认识》《中国教育学发展世纪问题的审视》《百年反观：为了教育学的未来》《学校变革的中国问题与研究经验》《当前中国社会改革与素质教育推进的决策演进评析》《"生命·实践"教育学派——在回归与突破中生成》《大中小学合作研究中绕不过的真问题——理论与实践多重关系的体验与再认识》《"新基础教育"内生力的深度解读》《终身教育视界：当代中国社会教育力的聚通与提升》《社会教育力：概念、现状与未来指向》《终身教育视界的

---

① 叶澜."新基础教育"研究简介[M]//叶澜."新基础教育"推广性研究教师指导用书（初中部分）.上海：上海三联书店，2000：6.
② 叶澜.回归突破："生命·实践"教育学论纲[M].上海：华东师范大学出版社，2015：11.

深刻意蕴：全时空性的全人发展——保尔·朗格朗带给我们的启示和价值》《中国哲学传统中的教育精神与智慧》等成果之中。

与此同时，叶澜的教育基本理论思想还体现在其相关讲话及"生命·实践"教育学派的成果中。在这些成果中，叶澜系统论述了其教育基本理论思想，特别是关于终身教育、社会教育力、教育与自然关系的认识等。

在坚持创新性、实践性、时代性特征的基础上，这一阶段叶澜的教育基本理论思想呈现出以下几个特点。

第一，变革性。在"改革"与"变革"之间，叶澜坚持选择使用"变革"一词来回应中国基础教育中存在的问题，进而发展其教育基本理论思想。基于基础教育实践，叶澜系统研究了中国变革对教育提出的新问题，探讨了在当代中国社会转型背景下的教育变革，特别是学校变革、教师发展变革和教育评价变革。

第二，本土性。叶澜扎根中国大地、中国社会、中国教育实践去研究和解决教育问题，形成教育基本理论思想。这主要体现在"新基础教育"研究中。

第三，回归性。与本土性相辅相成的是叶澜教育基本理论思想的回归性。一方面，面对中国当前遇到的改革问题以及教育变革问题，叶澜将其思维的触角伸向了传统文化。另一方面，她对国外教育学经典著作进行"基因"的探讨，进而系统阐述"生命·实践"教育学的"基底"。除此之外，她提出的"教天地人事，育生命自觉"深刻地体现了中国文化、中国哲学的内涵。回归性还体现在其《回归突破："生命·实践"教育学论纲》一书中，她回归中国、回归教育观、回归教育学观，系统阐发了"生命·实践"教育学派的教育观和教育学观。

第四，前瞻性。这是指叶澜着力解读时代精神，把握时代脉搏，进而提出超前的教育基本理论思想。如其对社会教育力的解读和研究，突破了以往研究者关于教育和社会关系的局限，不再仅仅研究教育的社会责任，而去研究社会的教育责任、社会的教育力量等问题。再比如其对终身教育视界的确立，对教育与自然关系溯源的探讨等，都体现了其教育基本理论思想的前瞻性。

叶澜的教育基本理论思想还在发展中。叶澜的教育基本理论思想呈现了理论与实践的交互生成性。中国教育实践仍然在变革中，中国教育学仍然在建设中，我们期待随着中国教育实践的发展和中国教育学的发展，叶澜的教育基本理论思想更为丰富。

二、教育基本理论思想的概念生成

（一）教育

对于教育这个概念，叶澜在其书中曾写道："如果查阅中外著名的教育家有关'教育是什么'的直接论述，我们会得到很多启发。他们往往各自从某一个特定的角度来阐述什么是教育，使我们看到教育本身的复杂多彩以及含义之丰富性；但是，它也可能给我们带来更大的困惑，因为他们的结论是如此的不同，甚至相悖。故我们又不能以为凡是历史上或现实中著名教育家或理论权威有关教育是什么的判断，都能直接拿来作为涵盖中外古今一切教育活动的定义。他们的判断大多精辟，但常常是有针对性的，是为了突出自己的某些不同于别人已有观点而言的。"[①]她认为：我们要做的是从这些不一致甚至对立中寻找做出概念界定的启发。第一，在给教育这个概念做界定时，要充分考虑教育本身的复杂性，尽可能地涵盖教育的各种实存。第二，要明确形成概念的认识目的，不能将对教育概念界定的分歧简单归结为概念界定者认识上的模糊。事实上，教育概念界定的模糊与概念界定者选择观察、研究教育的立场、视角不同，针对的认识问题不同，涉及教育的层次不同相关，没有对错之分。因此，对于我们来说，重要的是确定自己的认识

---

① 叶澜.新编教育学教程［M］.上海：华东师范大学出版社，1991：26.

目的。具体地说，这一目的就是要通过界定概念，把教育与其他事物区别开来，认识其独特性，同时，又能涵盖现实存在的或曾经存在过的各种各样的教育。①

为了将教育与其他社会活动相区别，又涵盖所有的教育活动，叶澜将教育定义为有意识地以影响人的身心发展为直接目标的社会活动。②从这个定义中可以看出：第一，"人"是指各种年龄的受教育者。第二，强调"有意识"。社会活动可能对人的身心发展产生影响，但并非都是有意识的，因此不能把所有的活动都称为教育。第三，在"目标"前面加"直接"一词有两层意义，一是表示不以影响人的身心发展为直接目标的活动不属于专门的教育活动，二是表示教育除影响人的身心发展外，还有间接的目标，如推动社会发展。如果这样一些间接目标也作为目标列入其中，就会模糊了教育活动的特殊性，也难以将教育与其他有益于社会发展的活动相区别。③

作为名词的"教育"还有广义、狭义之分。上述定义是广义的教育的定义，它包括学校教育以及学校以外的机构性的和非机构性的教育活动。狭义的教育专指学校教育。学校教育活动相比其他教育活动更为专门化，具有鲜明的系统性、目的性与组织性。在这个意义上，学校教育也被称为制度化教育。除了作名词用外，"教育"还常常作动词用，它表示教育活动进入行为状态，"教者"对"学者"施加影响，如教师教育学生，父母教育子女，等等。在这种行为中，承担教的任务者称为教育者，承担学的任务者称为受教育者，而被双方都使用的内容及其载体称为教育内容。④

以上描述表明，教育是人类社会所特有的实践，是人为的活动而不是自然现象。人的生命与教育呈现出直接、内在和整体的独特关系性质。教育实

---

① 叶澜.教育概论[M].北京：人民教育出版社，2006：2-3.
② 同①：10.
③ 叶澜.教育学原理[M].北京：人民教育出版社，2007：56-57.
④ 同③：57.

践的独特性体现在这一活动与人的生命之关系的性质上。①"直接性"表现在教育是直面人、通过人和为了人的一种独特的社会事业,教育的直接对象是人,其直接目的是影响人的身心发展,并通过人与人的直接交往沟通实现。这种"直接性"包含"内在性",表现在教育是对人的生命内在变化和成长的影响,教育活动与人的生命发展具有内在关系,教育内含在生命间的沟通之中。"整体性",是指人的生命活动整体地参与和渗透在教育实践中。这种整体性是由生命的整体性所规定的,是教育实践内在的规定。因此,叶澜认为生命与实践的特殊关系决定了教育具有不同于其他人类实践的特殊性。教育实践性质的总体判断可表述为"在一定意义上,教育是直面人的生命、通过人的生命、为了人的生命质量的提高而进行的社会活动,是以人为本的社会中最体现生命关怀的一项事业"②。

基于此,叶澜对"教育"一词做了中国式的表达:教天地人事,育生命自觉。"我们将有关教育的探究,集中到人之终身发展的过程,即经教育与自我教育,个体逐渐由外而内、由内而外,最终实现自觉把握人生命运的转化、生成过程。"③生命是教育的"魂",实践是教育的"行",学校(以及其他教育组织、机构)是教育的"体"。教育是一项充盈着人的生命的人类实践活动。④叶澜还提出:教育对生命的思考不能只局限于人,还应包括整个自然界。凡是有生命的,我们都可以和它对话。⑤

对于"教天地人事,育生命自觉",叶澜这样解读:"教天地人事,育生命自觉"这个表达里面具有内核、智慧和境界三层结构。第一是内核:以自强修己为本,行治国达人之用。第二是智慧:以启蒙善导之慧,成仁人志

---

① 叶澜.回归突破:"生命·实践"教育学论纲[M].上海:华东师范大学出版社,2015:236.
② 叶澜."新基础教育"语丝[J].基础教育,2004(5):2.
③ 叶澜.中国哲学传统中的教育精神与智慧[J].教育研究,2018(6):6
④ 同①:237.
⑤ 叶澜.教育的魅力,应从创造中去寻找[J].内蒙古教育,2016(4A):7-11.

士之德。第三是境界：以"天地人事"之教，涵"生命自觉"之育。"教天地人事，育生命自觉"既是中国古代教育传统所追求的境界，又是对教育的中国式理解。总的来说，"教天地人事，育生命自觉"要突出的地方在于：教育，必须通过对人生活其中的外部世界之知识、经验和文化传统的教学，培养人之生命自觉，使每个受过教育的人最终成为能把握自己命运的人。从中国话语体系来看，"天地人事"是"教"所要传递的文化内容，是外在已有的"类知识"。"教天地人事"的"教"首先是让人认识外部世界，其任务就是使个体接受这些外在的"类知识"，并能为个人的生存发展所用。而"育"则指孕育、滋润、培育，是一种向内的、内心的生长。所以，"教"不是教育的终极所在，它在一定意义上是手段，我们以认识天地人事来达到"育"的目的——形成个人的精神世界，包括对人的态度、对自然的态度，最根本的是形成自我发展自觉，构成生命自觉。教育对于个体生命的最高价值，在于培育生命之自觉，这是人之精神力量的内在成长，是"育"的指向和终身价值。

由教"天地人事"而达"生命自觉"之育，是一个涵蕴、转化的过程。涵蕴是指"生命自觉"之育内在于"天地人事"之教的过程中。在天地人事中，教与育不是两件分开的事项，人与事的内容本身就直接阐述着人的生命、生存、生活之道，直接作用在人的生命实践过程中。教育转化，一是指外在的类文化转化为个体内在的人格，二是指外在的师之教转化为弟子之学，使其内在精神世界充盈，直至生命自觉之形成。①

（二）教学

1. 教学是什么

叶澜认为教学是师生之间、生生之间多向互动、动态生成的过程，强调

---

① 叶澜，罗雯瑶，庞庆举. 中国文化传统与教育学中国话语体系的建设——叶澜教授专访[J]. 苏州大学学报（教育科学版），2019（3）：83-91.

学生个人经验与社会共有的精神文化世界的创造性转换过程，是一种个性化和创生性的占有过程。①在教学中，叶澜强调要在师生民主和平等的基础上发挥教师的主导作用。学生是学习的主体，教师必须考虑学生学习的特点，调动学生学习的积极性和主动性，否则教师教的作用无从发挥，也就是说，教师的教要符合学生学习活动的规律。教学一方面影响学生今后的发展，另一方面影响教师对职业的感受、态度及其专业水平的发展。②

2. 教学目标

叶澜认为，教学目标既是培养目标的体现，意在促进学生的全面发展，又具有特殊性。具体包括：第一，教学要实现学生个体经验世界与社会精神文化世界的沟通与转换，充分发挥科学文化的作用，促进学生主动、健康地发展。第二，教学是不可分割的一个单位，并非是"教"与"学"两件事的组合，教学过程中师生活动具有不可分割性、相互规定性和交互生成性。第三，教学活动是一种动态的生成性活动，教学过程需要用生成论的思想和方法来认识和理解。第四，教学过程逻辑的基本形态包括有向开放、交互反馈和集聚生成，这三个相互区别又关联的步骤在实践中，既有基本的规定性，又有灵活组合的可能性。

3. 教学性质

在叶澜看来，教学性质是由"教天地人事，育生命自觉"这一教育活动宗旨规定的。要理解教学性质，就必须明确教育的终极目标在于促进人的发展。不承认这一点，就相当于背离了教学性质。课堂教学与其他学校活动的最大差异在于它与学科内容相关，学科内容是课堂教学活动的重要构成因

---

① 叶澜.教育学原理［M］.北京：人民教育出版社，2007：178.
② 叶澜.让课堂焕发出生命活力——论中小学教学改革的深化［J］.教育研究，1997（9）：3-8.

素，是以独特教育方式组合的人类社会精神财富，因而使得课堂教学具有特殊的目的与任务、资源与组合、形成渠道、活动形式与过程。①

4. 教学基本要素及其相互关系

教师、学生、教学内容是课堂教学不可缺失的三个基本元素。要使师生在教学过程中真正建立起特殊的人—人关系，就要把师生的教学活动当作有机整体，而不是将"教"和"学"各作一方来处理。叶澜认为，教学作为人的实践活动，首先受制于人对活动目的之确认与理解，其次因实践的人为构建性，又受人对实践内在机理认识的限制。对三个基本要素之间关系的探究和揭示，有助于人们对教学内在机理的把握。②

5. 教学过程

（1）教学过程的含义。叶澜认为，教学过程是师生为实现教学任务和目的，围绕教学内容共同参与，通过对话、沟通和多种合作活动产生交互影响，以动态生成的方式推进教学的活动过程。教学过程中的师生关系是教学过程创造主体之间的合作交往关系。③

（2）教学过程的基本任务。叶澜认为，教学任务的问题说到底是"日常情境中的学习成长"与"教学过程中的学习成长"的关系问题。"教学过程中的学习成长"是指个体进入符号抽象意义的精神文化世界所必需的学习，与"日常情境中的学习成长"相关，但绝不相同。基于此，教学过程的基本任务可以理解为：使学生努力学会不断地从不同方面丰富自己的经验世界，努力学会实现个人的经验世界与社会共有的精神文化世界的沟通和富有创造性的转换，逐渐完成个人精神世界对社会共有精神财富的个性化和创生性的

---

① 叶澜.课堂教学过程再认识：功夫重在论外［J］.课程·教材·教法，2013（5）：3-13.
② 叶澜.教育学原理［M］.北京：人民教育出版社，2007：186-187.
③ 同②：178.

占有；充分发挥人类创造的文化、科学对学生"主动、健康发展"的教育价值。① 关于教学任务的这一定位，表达了叶澜对教学过程中必然出现的两个"世界"多重变换关系的认识、对如何处理这些关系的基本立场。

（3）教学过程的内在展开逻辑。叶澜认为，教学过程的内在展开逻辑是"多向互动、动态生成"。这里的多向互动，包括教师与全体、部分或个别学生之间不同性质的互动，也包括学生个体间、个体与群体间、群体与群体间不同性质的互动。对这种互动的要求要把握住有效（相对于形式的"动"、不产生实际效果和交互推进教学作用的"动"）和高质量（学生不仅要在学科基础知识、能力上达标，获得比初始状态高的成绩，更要主动发展）。②

（4）课堂教学的预设与生成。课堂教学既需要课前设计，又需要在课堂上实施。对这两者的关系，叶澜的认识比较全面。在课堂教学中，课前的预先设计和课堂的实施生成是完成教学任务的两个阶段，两者之间前后连贯、相互衔接，在宗旨、结构等方面具有内在的一致性。不能用对立的观点看待两者之间的关系，也不能用后者否定前者。教学预设的实践过程是教师和学生互动生成的过程，也是师生共同发展的过程，为课堂实践的改革创造了一定的条件。教学预设的合理性、教学目标的实现程度，最终由教学实践来检验。③

6. 教学原则

教学原则是教学工作应遵循的基本要求。叶澜主编的《新编教育学教程》对教学原则做了如下概括：第一，科学性、思想性和艺术性相统一的原则；第二，教师教的积极性与学生学的启发性相结合的原则；第三，理论联

---

① 叶澜著."新基础教育"论——关于当代中国学校变革的探究与认识［M］.北京：教育科学出版社，2006：263-264.
② 叶澜.教育学原理［M］.北京：人民教育出版社，2007：197-198.
③ 叶澜.课堂教学过程再认识：功夫重在论外［J］.课程·教材·教法，2013（5）：3-13.

系实际的原则；第四，循序渐进与"高速度、高难度"相结合的原则；第五，集体教学与因材施教相结合的原则。①

7. 课堂教学改革

课堂教学是近代以来教育普及的产物，它不仅扩大了全社会的受教育面，提高了学校教育的效率，而且成为人类文化传承和发展史上的一次伟大创造。叶澜认为，课堂教学是学校教育活动中内在的、最基本的构成，影响着学生身心发展与健康成长，决定着师生在学校的基本生存状态和生命质量。②随着工业化的发展，尤其是儿童中心主义思潮的盛行，课堂教学固有的弊端日益显现。20世纪70年代以来，课堂教学受到来自信息技术、文化传媒等领域的挑战，课堂教学改革势在必行。叶澜指出，我们需要从理论到实践开展课堂教学的重建研究，它关涉到课堂教学价值观、过程观和评价观的变革。③

第一是重建课堂教学价值观。当前我国学校教学实践存在生命价值缺失的现象，师生的生命力在课堂上得不到应有的发展。叶澜指出，课堂教学是教师和学生共有的重要生命经历。于学生而言，课堂教学是其学校生活的基本构成；于教师而言，课堂教学是其职业生活的基本构成。因此，课堂教学对于参与者具有个体生命价值。在这里，叶澜提到了课堂教学对于教师的生命价值问题，这一问题在以前被人们普遍忽视。叶澜提出了新教学价值观的三重结构，即教学共同价值观、学科教学价值观和课堂教学设计价值观的具体综合。当前我国基础教育课堂教学的价值观需要从单一地传递教科书上呈现的现成知识，转为培养能在当代社会中实现健康发展的一代新人。学科、书本知识最终是要服务于"育人"这一根本目的，说到底是育生命发展之自

---

① 叶澜.新编教育学教程[M].上海：华东师范大学出版社，2006：205-212.
② 叶澜."新基础教育"论——关于当代中国学校变革的探究与认识[M].北京：教育科学出版社，2006：240.
③ 同②：247.

觉。课堂教学的育人价值应该包括情感（这种情感指向学生情感体验的健康与丰富），关涉学生的意志、群体合作能力、行为习惯及交往意识与能力等多方面，这些方面的综合才构成学生生命的整体发展。教师在认同了一般层次的新教学价值观后，能否落实到教学实际行为中则涉及课堂教学新价值观的重建问题。教学共同价值观向学科教学价值观的转换主要通过两大方式实现：一是深入研究和开发具体学科的丰富育人价值，二是深入研究学生成长需要与具体学科教学的关系。课堂教学改革的切入点应该放在对现有学科育人价值的开发上，进一步研究中小学课程整体变革中的"生命色彩"问题，从学生发展需要出发，分析不同学科对学生发展的独特作用。课堂教学价值观重建的第三个层次落实到教师教学策划中，强调对学科内容整体性的重组与加工。一方面，将知识按结构关系进行重组；另一方面，重新激活书本知识，实现书本知识与人类生活世界沟通，与学生经验世界、成长需要沟通，与发现、发展知识的人和历史沟通。①

第二是重建课堂教学过程观。课堂教学过程的重建是实现新课堂教学价值观由理想转为现实的中介。课堂教学过程观的重建是改革实践与理论的双重意义上的重建过程。理论重建具体包括三个方面：一是教学过程分析单位的重建。叶澜主张将教学看作一个基本分析单位，它是不可分割的、具有内在联系的，不能将"教"与"学"当作两个分析单位。教师在教学过程中，要把教学有机性的生成看作教学的基本规定。二是教学过程中学生、教师角色与任务的重建。突破传统意义上的师生角色，丰富双方的角色，师生之间才得以出现动态生成。同时，教师要树立学生是教学的重要资源的观点。学生是教学的基础性资源、生成性资源、方案性资源、研究性资源。三是互动生成式教学过程逻辑的确定，主要由有向开放、交互反馈和集聚生成三个既区别又关联的步骤组成。为了使课堂焕发出生命活力，叶澜指出重建

---

① 叶澜."新基础教育"论——关于当代中国学校变革的探究与认识[M].北京：教育科学出版社，2006：248-249.

课堂教学，实现从观念到行为的变革，大致经历以下几个步骤：第一步是降低课堂教学重心，把课堂还给学生；第二步以"还"为基础，向上跨一台阶，达到"多向互动"；第三步使改革行为逐渐走向日常化和系统化。①

第三是改革课堂教学评价观。叶澜指出，课堂教学改革评价系统的形成大致经历了三个阶段：第一阶段以诊断性评价与常规性评价为主要构成，第二阶段以原则性评价与比较性评价为主要构成，第三阶段以全程整体性评价与阶段系统性评价为主要构成。②

（三）教育学

1. 从基本范畴角度理解教育学

教育学的基本范畴是从教育现象和教育存在中抽象得出的范畴，包括教育与自我教育、教育者与受教育者、课程与教学等。以此基本范畴为基础，教育学的范畴体系是以"教育存在"范畴为开端，到"教育本质、属性"范畴，再到"教育观念"范畴。③

在叶澜看来，作为独立学科的教育学，以揭示教育事理为核心。教育实践的复杂性决定了教育学是一门复杂学科，它与分析科学不同，是聚焦于教育的通学，是一门独立学科。教育研究虽与各门学科相通，但它不能取代教育学学科自身的建设与发展。④

---

① 叶澜."新基础教育"论——关于当代中国学校变革的探究与认识[M].北京：教育科学出版社，2006：268-281.
② 叶澜，吴亚萍.改革课堂教学与课堂教学评价改革——"新基础教育"课堂教学改革的理论与实践探索之三[J].教育研究，2003（8）：42-49.
③ 叶澜.教育学原理[M].北京：人民教育出版社，2007：19.
④ 叶澜."生命·实践"教育的信条[N].光明日报，2017-02-21（13）.

2. 从理论基础角度理解教育学

教育学的理论基础不是其他学科知识的简单相加，而是需要教育学研究者从不同学科中，做出与研究主题相关认识的重组与整合。这需要立足于两个维度去确立其理论基础。

一方面，就知识性质而言，从作为学科理论基础的确立开始，教育学是一门融汇各方知识的学科。教育学研究者辨析和判断教育活动的结果就构成了教育学理论基础本身。

另一方面，教育学还存在着如何借鉴包括自然科学、社会人文科学、系统复杂科学等学科研究的方法论，如何形成教育学范式的转换，如何形成教育学的研究对象等。这一维度的理论基础与前一维度相比，更具形式、结构、方法论的抽象特质，对教育学的发展具有更深层次的影响力，尤其当教育学面临范式重建的历史性任务之时，更是如此。它的构成同样需要教育学研究者去建构，同样随时代、人类认识和不同学科的发展而变化。[1]

基于上述两个维度对教育学与其他学科关系性质的分析，叶澜认为，停留在八方知识汇集中心点上的教育学，只有建立了自己的中心点，才能与各学科建立起真正有助于学科独立性形成的、有意义的、内在的、多层次的关系。作为独立学科的教育学，由于处于各学科的交会点上，故不仅能从不同学科汲取资源，且完全有可能因对教育的深度研究，达到对人类有关自身、社会和活动的认识。这需要几代教育学者持续、有方向的努力。

3. 从理论品性角度理解教育学

基于教育学的理论品性，叶澜对教育学的理解包括以下三点。

第一，教育学的特殊性是由研究对象的特殊性决定的。教育学是以教育活动为研究对象的，而教育活动是人为的社会实践活动，是以人为直接对

---

[1] 吴康宁."生命·实践"教育学：为教育学赢得学术尊严[J].当代教育与文化，2015（3）：11-15.

象，以影响人的生命成长与发展为直接目的的，因此，教育活动是促进人的生命发展的一种独特的实践活动，即"生命·实践"活动。这是相对于其他的人为的社会实践活动而言的教育活动在对象与目的维度上表现出来的特殊性。针对教育活动的特殊性，教育学的特殊性就在于它以促进人的身心发展为直接对象，主要研究的问题是人怎样通过教育活动来促进生命成长；其基本信念是人的生命成长要通过教育实践来促成；其考虑的核心问题是人的生命成长如何通过教育实践来促成。①

第二，教育学是一种事理研究。所谓事理研究，是指对人做事情的依据和有效性、合理性的研究。它不同于一般所言的现象研究仅要求对现象进行描述和说明，它是为"成事"，即办好此事而开展的研究。教育学就是这样一种事理性质的研究。它以研究教育的综合生成和动态转化过程，揭示这一生成过程的一般规律为理论研究的目的，其中包括教育活动的价值取向及规律性演变、教育过程的本质及规律研究。②

第三，教育研究是一种转化性研究。在教育者有目的的活动作用下，学习者通过学习活动，使自身发展的多种可能性在教育提供的现实空间中转化为现实发展状态，是教育中最本质的一种转化。教育学不是超然于教育世界之外的玄思和遐想，而是"教育思想中的现实"，是对时代精神的反映和主动回应的结果。③

4. 从学科角度理解教育学

任何一门学科，在其形成与发展过程中，不但要面临对研究对象的不断重新认识、建构的挑战，还要面临对学科自身认识的不断反思和拷问。教育学也不例外，与其他学科相比，更为突出的是：教育学作为独立学科的自我

---

① 叶澜.教育学原理[M].北京：人民教育出版社，2007：44.
② 同①：45.
③ 同①：46.

认同并不一致，相关争辩持续生长，否定力量多元。"生命·实践"教育学派以当代中国教育学重建为己任，这暗含着以教育学是一门独立学科为前提性判断。

叶澜认为教育学学科群有四种不同维度的组合：一是原先统一的教育学分化成几门学科。二是原先统一的教育学细化成各学段教育学与职业教育学，学制是贯穿这一分类的主线。三是原先统一的教育学因教育活动开展的场域不同而形成不同的分支学科。以上三种维度都是以教育对象总体的分解为基础的，是长在教育这棵大树上的。第四种维度是超越当代中国教育学时空的维度。

今日之教育学不存在开放不够、缺乏分化的问题，真正的问题是"三个缺乏"：缺乏"内立场"的、对教育领域整体式的教育学研究；缺乏教育学基本概念与理论的深度研究和基础性共识，继续把相关学科的理论直接作为教育学的理论，或停留于把这些理论层次不做教育学视角的转化、整合与深化；缺乏基于教育学研究对象与目标特殊性的方法论研究和方法论原则探讨。

叶澜基于与教育活动本身及其最基础的构成，如"人""社会""活动"等研究相关的学科，认为对于教育学来说，一般都认同人既是教育的对象，又是教育的目的，所以教育学者不能在对"人的问题"没有认识的基础上，深入思考教育领域和教育学里的"人的问题"。

5. 从研究对象角度理解教育学

研究对象、学科性质与方法论，是一门学科形成与发展性重建时必须深入思考和做出回答的问题。一种最常见甚至脱口而出的表达是，教育学是以教育为研究对象的学科。这是一个通俗且涵盖面广的回答，并无大错。如若追问"教育学研究教育的什么"，不同的回答就会呈现出来。将教育学的研究对象称为"教育存在"，其构成中包含教育实践、教育理论和教育学元研究。我们将教育学学科性质概括为事理研究，它揭示教育之事的理论。以上两个关于教育学研究对象和学科性质的界定与论证，在保持相关认识逻辑一致性上，决定了教育学研究方法论的选择，以教育实践与教育理论的内在一致性为基点展开探讨。

教育学研究对象直接指向的是"教育"，不是"人"；教育学是关于教育的理论，不是关于人的全部理论。教育学研究对象的性质，在"实践性"的意义上，不同于哲学研究对象的性质，也不同于科学研究对象的性质。它是人类天天都存在并进行着的实践活动，并不是外在于人的自然界。正是在这个意义上，叶澜把教育学称为研究"事理"的学科。"生命·实践"教育学派对教育实践性质的总体判断可表述为：教育是基于生命、直面生命、为了生命、通过生命所进行的人类生命事业。生命是教育的"魂"，实践是教育的"行"，学校（以及其他教育组织、机构）是教育的"体"。教育是一项充盈着人的生命的人类实践活动。[①]

教育学研究对象是教育研究对象的特殊组成。因此，先要理清的是教育研究对象在当代的变化。在《教育研究方法论初探》一书中，叶澜把"教育存在"作为教育研究对象，并将这个概念按"教育存在"的形态（即"以它通过怎样的实践产生为主依据，并兼顾形态特征"）区分为三个"层次"（不是"方面"）：第一层次为"教育活动型存在"。它由教育实践活动本身组成，是教育存在中最生动、丰富、多变的基源性存在，无此类存在，就不可能有后两个层次的研究对象存在。第二层次为"教育观念型存在"。它包含认识人类教育活动多方面的"认识成品"，包括经验性、常识性、决策性及理论性、科学性的认识。与第一层次的主要区别是，它是通过人的认识活动产生的，是一种观念形态的存在。第三层次是"教育研究反思型存在"。它虽然也以观念形态存在，但它是对产生教育观念的研究活动（而非教育实践

---

① 叶澜. 回归突破："生命·实践"教育学论纲[M]. 上海：华东师范大学出版社，2015：237.

活动）及其系统化成果的再认识，具有反思的性质。

叶澜认为，目前存在的教育学学科群，从其生成机制来看，至少可分为内部分解和外部介入两大类。前者可称为教育学的"内生分支学科"，以教育活动最基础的核心构成为原始的研究对象。这一建构教育学科研究对象的立场可称为"内立场"。后者与"内生分支学科"相对应和区别，它们以介入学科的研究范式、理论框架、基本观点和方法为生成新的交叉学科的路径，把由此形成的交叉学科视作本学科在教育研究领域中新建的应用学科，因此可称为教育研究中形成的"外生交叉学科"。这一建构教育学科研究对象的立场可称为"外立场"。

对目前存在的教育学学科群做内立场、外立场的区别，不是为了使两大方面成为壁垒分明的对手，也不是认为一方面重要，另一方面不重要，而是为了使我们能更清楚地看到目前教育学科的总结构中在研究对象的建构方面还有两大重要缺失。第一大缺失是以当代教育活动本身内在整体为研究对象的教育学研究的缺失，叶澜把它称为"内在整体学科"研究的缺失。第二大缺失是以教育学的研究范式、理论框架、基本观点和方法为依据，以其他学科领域中与教育相关的问题或教育内部与其他学科领域相关的问题为研究对象，以教育学为本体的、应用性的"内生交叉学科"的缺失。如果我们把两大缺失联系起来看，则可以清晰地看到当前重建以教育活动内在整体为研究对象的教育学的重要性。它不仅对作为一门学科的教育学的发展影响深远，而且对整个教育学科形成新的、更为合理的结构具有决定性意义。

在叶澜看来，教育学研究对象是自有人类以来就存在且只要人类存在就不会不存在的，对人类文明传承和创造、对个体生命成长与发展具有基础性作用的教育活动。教育学的理论具有事理的特征，它是对教育事态和过程的综合式的类抽象，是对不同类型和层次的主体间认识、行为、知识、能力交互作用和转化机制的抽象分析。

6. 从学科性质角度理解教育学

学科性质的判断是当代中国教育学需要思考和做出回答的重要问题，它关系到对学科发展取向的选择和理论品质的认识。通常而言，谈到学科性质，首先会问该学科归属于哪个大类。人类知识第一层次的分类指哲学、科学、艺术之三分。在第一层次的三大类框架中，教育学就其研究对象性质而言，属于科学一类。教育学属于哪一类科学，自然科学、人文科学还是社会科学？在此，"科学"一词是广义的，因为若是按狭义的自然科学性质来要求，人文科学、社会学科都不能称为科学。

关于教育学的学科性质、科学性的讨论，叶澜归结为有关"价值"与"事实"的关系方面，教育学的特性也是综合变通的。在她看来，当代中国教育学研究在学科性质的认识上，不仅需要突破以"去价值""无主体"为标准的传统科学观之作茧自缚的困境，而且需要深入研究由教育学研究对象性质所内在规定的学科之科学性的自身标准。作为具有整体综合性的教育学，在教育学学科群中属于基础理论学科。作为传统教育学研究的当代继承者和发展者，我们即使认为理论的"土壤"不够厚实、肥沃，也不能视而不见或弃置不顾。提升作为一门学科的教育学之基础理论水平，是我们分内之事。

叶澜把教育学作为复杂/综合性学科。教育学的"复杂/综合性"不是将原来认为的两极观点加以调和，也不是分支学科内容的提要式集合，而是根据教育自身构成的内在关系逻辑和发展变化过程中的转化逻辑，构建出的教育学的理论形态之性质。这两种逻辑都是教育这一事物自身具有的，不是外在赋予的。教育理论只是将其揭示出来，形成理论形态的存在。

"教育存在"中最基本的活动性形态，决定了教育学的研究带有事理研究的复杂性和综合性，因此教育学的学科性质在一定意义上可称为"事理学"。它不同于自然科学，也不同于精神科学。事理的复杂性和动态性，决定了学科的知识是关于事之发生、发展与结果的。尽管教育中的事是具体的，需要技术性的方法，但事理具有普遍性，其中包含事理演化过程确定性与不确定性之间的关系和相互转化。正是从这个意义上，叶澜把教育学作为事理性的复杂/综合性学科，其中包含与教育事理相关的科学、艺术与技术。艺术看起来似与科学、技术不太能合拢，但教育活动不仅就内容而言包含艺术，其过程也因人之性情参与而具有艺术的特质，使教育学的事理成为一种有性情的学术。有时，恰恰是艺术使我们产生整体通化的体验。

7. 从方法论角度理解教育学

教育学研究需要做出方法论的改造与探索，用复杂思维形成综合抽象、研究过程中的互动生成与转化机制。叶澜认为，要改变两极对立的简单思维方式，改变所谓客观主义的科学方法，要在理论与实践的双向构建中推进学科建设。

"教育学"一词，英文有单数与复数之分，中文有狭义与广义之别。教育学作为一个学科群，其内部应有基本理论研究与应用研究的区别。尽管这两大部分有着不可分割的交互作用，但所有的交互作用都是以区分为前提的。

教育学是理论学科还是应用学科？这是教育学之学科性质判断中人们经常遇到的问题。无疑，教育学学科群内有应用学科，无论是外生的还是内生的。但应用的前提是有基础理论的存在。在叶澜看来，"双重裂变"前的教育学实际上起着学科基础理论的作用……即在任何学科的内部，都有基础理论和应用理论之分。

8. 从立场和信仰角度理解教育学

在学科立场和信仰方面，"生命·实践"教育学的个性表现在：一是"自觉"把学科立场作为教育学研究的前提性、基础性的理论问题，如对学科立场本身的探究、对教育学的学科性质的认定等（综合学、为人学、事理学）。二是把自己明确提出的学科立场作为"信仰"，贯穿和渗透在教育学的理论研究和行动研究之中，如作为"为人学"的教育学秉性在"新基础教育"研究中得到充分的表达，"成事成人"不仅是理论倡导，而且成为"新基础教育"研究者所奉行的行为准则。

叶澜认为，有人类的存在，就有教育学这门学科的存在。在她看来，从哲学角度来讲，教育学的研究要关注转化，这种转化包括社会目标与教育目标的转化、"教"与"学"的转化，后者相对来说更为重要。在教育学研究中，教育理论工作者与教育实践工作者之间的交互性研究十分重要。

人们强调教育学的理论形态，批判教育学没有形成准确的、具有学科特色的概念；教育学理论体系还不严密，这种批评有一定的合理性。当前教育学领域存在将编写教育学教材等同于教育学研究，在构建教育学理论体系时，编写教材成为教育学理论研究的方式。

今日之教育学内立场的形成和教育学、教育基本理论的研究，需要有对教育学本身的元研究作为基础，使其形成在学科建设意义上的当代发展。在叶澜看来，教育学的内立场对于中国教育学者而言，还包括以本土文化资源、学术积淀、实践发展为基源的教育学研究。

（四）个体发展

1. 个体发展的定义

影响个体发展的因素作为教育学基础理论研究的重要问题，历来受到研究者的重视。影响个体发展的因素是什么？各因素之间的相互关系如何？教育与人的发展之间的关系是怎样的？只有明确这些问题，教育才能有效促进人的发展。

在叶澜看来，个体发展是指人的身心诸方面及其整体性结构与特征随着年龄的增长而不断变化的过程。它贯穿于人的一生，表现出一定的阶段性，各阶段之间既有量的变化，又有质的飞跃，呈现出连续性和非连续性。不同个体在发展过程中既遵循人类发展的基本规律，又呈现出一定的差异性和独特性。个体通过各种活动实现了与周围环境的积极互动和相互作用,其实质是个体生命从可能转化为现实的过程。①

2. 个体发展的影响因素:二层次三因素论

叶澜认为,在对影响人的发展因素做出分类时,分类的标准首先应该是这些因素对人的发展所产生影响的性质。人的发展是不断从潜在可能向现实转化的过程。由此出发,可以把影响人发展的因素分为两个层次。第一个层次是为人的发展提供可能的因素,称为可能性因素,包括发展主体自身为发展提供的条件和外部环境为发展提供的条件。第二个层次是使人的发展转变为现实的因素,称为现实性因素,具体地说是指发展主体从事的各种性质和各种水平的活动。这两个层次的因素对人的发展的影响在性质上是不同级的。根据以上的分类标准,可将影响人发展的诸因素用图1-2表示。

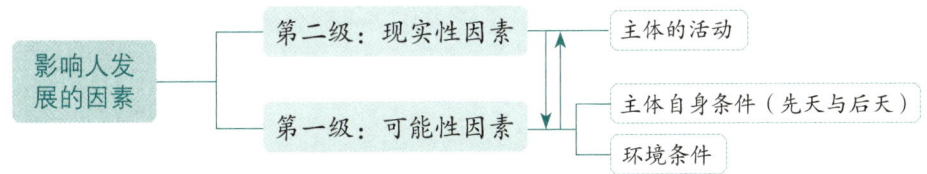

图1-2 影响人发展的诸因素

在对可能性因素的分析中,叶澜从个体自身因素和环境因素两个方面加以论述。其中,个体自身因素受到先天因素和后天因素的影响。

个体自身条件中的先天因素是指个体出生时机体结构所具有的一切特质。②人的先天素质为个体发展提供了一定的物质基础和可能,是个体发展的必要条件。在此种意义上,遗传成为个体发展的基础。此外,必须加以关注的是,遗传素质具有潜在性,环境丰富多变,在正常状态下,个体的整体发展水平完全依赖于遗传因素。③成熟规律规定和影响着个体身体和心理发

---

① 叶澜.教育概论[M].北京:人民教育出版社,2006:190-191.
② 同①:196.
③ 同①:199.

展的基本路线。

在叶澜看来，个体自身条件中的后天因素指个体在后天发展过程中逐渐形成的身体和心理特征。[①] 后天因素主要在以下两方面影响着个体的发展。一方面，通过对环境和作用方式的选择，后天因素得以参与到个体自身发展过程之中；[②] 另一方面，当人具有较为清晰的自我意识和自我控制水平时，人能够主动地、自觉地、有目的地影响自身的发展。

后天因素对个体自身发展的影响是一个动态过程。一般地说，后天因素作用的强弱与已达到的发展程度呈正相关。就生命的全部历程看，与先天因素作用大小的变化方向相反，后天因素的趋势是增强与变大。此外，后天因素对个体发展作用的大小与发展的具体方面相关。它与高级心理活动的过程、能力的相关大于与低级心理活动的过程和能力的相关，与遗传因素的作用呈相反状态。[③]

叶澜认为，个体自身因素是一个较为复杂的综合体，随着个体本身的变化，综合体内部结构也在不断变化、渗透和转换。个体在前一阶段发展的结果可以转化为后一阶段发展的原因；潜在因素可以转化为现有发展水平因素，现有发展水平因素也会对潜在因素的实现产生作用，凡此种种，构成了复杂的、综合的、呈现出一定变化的动态结构。总之，主体因素为每个人的发展提供了多种可能性并赋予人在一定条件下自主人生的可能。[④]

环境因素是影响个体发展可能性的第二大项。从教育学研究的角度看，可以把影响个体发展的环境分为大环境和小环境。[⑤] 大环境是指个体所处的总体的自然环境与社会环境。小环境是指与个体直接发生联系的自然环境与

---

① 叶澜.教育概论[M].北京：人民教育出版社，2006：203.
② 同①：204.
③ 同①：205.
④ 同①：206.
⑤ 同①：207.

社会环境，如个体出生地的自然位置与条件，个体所在的家庭及其居住区、学习单位或工作单位。就内容来说，涉及为个体提供的物质财富、精神财富，个体生存期间周围世界发生的各种事件和与个体相关的各种人际关系。

环境对个体发展的影响体现在：其一，环境在为个体发展提供各种可能性的同时，也做出了一定限制。其二，环境对个体发展的影响除与环境本身的性质和变化有关之外，与个体发展水平也有一定的相关。其三，环境对个体发展的影响有正向的、负向的。[①]

现实性因素是影响个体发展的第二大因素。个体只有通过自身的生命实践活动才能实现发展。从这个意义上来说，生命实践活动是个体发展的决定性因素。[②]关于现实性因素的构成，可以从两个不同的角度来分析：一个角度是生命实践活动的结构，另一个角度是生命实践活动的水平。[③]

从活动结构来看，主体需求、客体对象以及活动的目的、内容、手段、结果、调控机制等构成了各种水平的人的生命实践的基本要素。从活动水平来看，人的生命实践由三个层次构成：第一个层次即最基础的层次，是生理层面的生命实践；第二个层次是精神层面的生命实践；第三个层次是社会实践层面的生命实践。前两个层次的活动主要在个体内部进行，可称为内部活动，后一层次的活动主要表现为人的生命之外部活动。内部、外部活动具有同构性并密切相关。

叶澜从四个方面提出个体生命实践活动对个体的"发展效应"。

第一，活动能否影响个体的发展取决于活动对个体提出的要求与个体现有发展水平的相差度。[④]过高与过低的活动目标都无助于个体的发展。只有

---

① 叶澜.教育概论[M].北京：人民教育出版社，2006：208-210.
② 同①：211.
③ 同①：212.
④ 同①：215.

高于个体现有水平且又是他有能力进行的活动,才能有效地促进个体的发展。

第二,活动对个体发展影响的程度与活动本身的组织结构水平与重复程度相关。[①] 如果我们要想使外部活动的结构内化于主体,那么,活动本身的结构应该是清晰的。在活动难度适当的前提下,活动的目标越明确,步骤越清晰且合逻辑,手段越具体,主体越易从结构上把握活动。这样的把握不仅有助于学习的迁移,而且有助于内在思维逻辑的形成。然而,仅有活动组织结构水平的保证还不能实现"由外向内"的转化,另一个重要的条件是活动的重复度。对于有一定难度的活动,人只有通过一定次数的重复,才能形成熟练的操作技能与技巧。若想从具体活动过程中抽象出活动的程式和结构,进而内化为相应的思维结构,则更依赖于一定次数的重复。因为重复使人有可能在掌握了技能、技巧后,把思维的重点移向事物的内在联系和活动结构本身。当然我们不能由此得出结论:重复自动保证"结构"的内化,重复次数越多对人的发展越有利。这里,还需要注意、思维的投入。

第三,活动对个体发展的影响程度还取决于个体对活动的自主程度。[②] 人对活动的态度,可以分为三个等级。第一等级(最低的等级)是被动应答。这是人在外界刺激下所做的应答性反应或者在外界指令、压力下的被动式行为。活动承担者若持这类态度,在活动过程中智力就不可能处于激活、兴奋状态,注意力也只限于维持动作的完成,不可能去注意活动结构这种深藏于动作背后的整体模式,更不会去注意活动的目的。第二个等级是自觉适应。与前面类似,这种活动也是由外界情境引起或者他人提出的。不同的是,主体接受并理解活动的任务、要求与意义,从而以积极态度投入到活动中,在活动中为完成任务调动自己的潜在能力。学校里较成功的教学活动大多是使学生处于第二个等级状态的活动:任务或问题是由教师提出的,学生接受任务,以自觉的态度投入到完成任务的活动中去,在完成任务的过程中

---

① 叶澜.教育概论[M].北京:人民教育出版社,2006:216.
② 同①:217.

得到了发展。第三个等级（最高的等级）是主动创造。这一等级与前两个等级的最大差别在于，活动的目的、任务是由主体为满足自己的需求提出的，活动过程是主体自主的，对主体来说带有一定的探索性与创造性。在这种情况下，主体的态度不仅是自觉的，而且是积极主动的，为了实现自己提出的目标与任务，他主动寻求解决问题的方法，设计自己的行动步骤，研究手段、方法的合目的性，关注行为的结果，并根据结果调整进一步的行动。在活动过程中，主体处于积极的追求中，体验着成功的欣喜与失败的焦灼，感受到自己的智慧与力量。

第四，活动对个体发展的效应还与活动是否取得成效以及主体对成效的感受有关。[①] 如果活动是在主体尽了极大努力后取得成功，则主体不仅能获得需要的满足，而且能体验到奋斗与成功的喜悦，使主体看到自己的力量，自信心倍增。更重要的是还会激发出新的更高水平的需求，需求水平的不断提高正是推动人发展的重要内部动力。当然，活动的成功也可能导致人的自满。但由于内外因素的作用，在人的发展过程中因自满而妨碍发展的情况不会持续不变。活动的结果也可能是失败。失败从积极的意义看也是一种契机，它使主体更冷静地对待自己和周围世界，调整自己的策略、方法乃至目标。这在某种意义上是为成功和此后的发展创造主观条件。失败也可能使人消沉，但对于具有自我意识的人来说则使他成熟。活动最坏的一种结果是没有结果，不了了之。这无论从哪个角度看，对发展都只有消极影响，无积极效果。在教育中，需要防止此类虎头蛇尾式的活动。

3. 学校教育与个体发展

在对影响个体发展因素分析的基础上，叶澜对学校教育与个体发展进行了论述。

---

① 叶澜.教育概论［M］.北京：人民教育出版社，2006：218.

（1）学校教育在个体发展中的独特作用。①根据二层次三因素论，学校教育不再作为与环境、遗传并列的一种影响发展的基本因素，而是被当作一种包含着特殊个体、特殊环境和特殊活动的因素，即一种特殊的综合因素。

叶澜认为，学校活动尤其是普通中小学的活动，其主体是由处在人生发展某一特定阶段的青少年与承担着教育者责任的成年人共同组成的。他们处于多重的、独特的关系系统中，并在学校活动中发生交互影响。学校活动是在人为设置的环境中进行的。这一环境中有意识提供的条件与活动对象，都是为实现教育目的和完成教育任务服务的。其最大的特点是弥漫着科学、文化和道德规范的气息。这些是滋养人精神力量生长的最重要的社会因素。一个国家的教育制度是社会大环境的构成部分之一，它对每个人可能受到的教育提供了时代、社会和阶级的特定许诺与限定。这就是学校作为环境的特殊性。

在叶澜看来，学校中进行的大量有目的、有意识、有计划的活动的特殊性，正在于它是为影响受教育者成长而精心设计的。学校所开展的各项教育教学活动是人类实践中的特殊实践。儿童、青少年大量的生命实践是在学校中进行的，因而学校教育应该而且有可能对他们的发展起引导作用。关于学校教育的引导作用，以往一般称主导作用，这在发展缓慢、信息渠道单一、价值观取向趋于一致的社会中可能是正确的，至少是可以期望的。但当代社会科学技术高速发展，价值观多元纷呈，信息渠道丰富，社会与学校的开放度都增大。在这种情况下，学校教育的作用以"引导"来表述更为恰当。

然而，认识学校教育对人发展的引导作用，不能只停留在对"必要性"的认识上。

一方面，要正确理解"引导"意味着什么。学校教育对受教育者发展的引导意义主要表现在帮助受教育者选择合适的发展方向上。这里的"合适"

---

① 叶澜.教育概论［M］.北京：人民教育出版社，2006：220-222.

是指社会发展对人才素质的基本要求与个体特质发展的一致。教育者应创设条件，使受教育者个体特质朝着有利于社会发展的方向展现。在此，引导表现为对发展方向的引导，帮助个体形成对发展的多种可能性做出判断和价值选择的能力。引导作用从时间意义上看，不只体现在使受教育者在学习期间达到当代社会对个体发展的基本要求。引导作用的深层含义在于学校教育应为人的终身发展奠定坚实的基础，为离开学校后个体的继续发展创造条件。我国著名的数学家华罗庚曾经说过，人的一生中有"三少三多"：在校的时间少，自学的时间多；有教师的时间少，没有教师的时间多；学的知识能直接运用的少，需要自己创造的多。这"三少三多"告诉我们，学校教育的意义若只限于在校时间或者只限于人才的养成与选拔，那就太小了。学校教育只有立足于人一生的发展，才可能对人的发展起引导作用。

另一方面，有必要进一步明确：从教育者的角度看，学校教育应具备哪些基本条件，才能对学生的发展产生引导作用。

其一，学校教育的目标应符合社会发展的总方向，立足于人类社会发展的当代水平以及所在国家的现有发展水平，使社会大环境与学校小环境能取得正向的一致。与此同时，学校教育应与社会其他教育在对受教育者要求上取得协调，以最有效地利用学校周围及其相关的环境因素的积极作用，尤其要利用能对学校教育起补充作用的因素。从消极的角度看，当社会条件不利于学生健康发展时，学校应保持自己小环境的教育独特性，增强学校教育影响的积极效应以增强学生有效抵御其他环境中消极因素的影响。如果学校教育的力量不足以抵御相反方向的作用力，就会陷入失败的境地。

其二，从学校教育内部看，只把注意力集中在为学生的发展提供各种物质条件是不够的，学校应精心设计和开展有利于学生发展的各种活动，使学生通过活动实现发展，教育者则通过活动指导，影响学生的发展。为此，教育者必须认识、研究学生的发展情况，了解学生的特质和现有发展水平，把握最近发展区，以成熟的程序为依据，安排教育的目标与顺序。这可以看作是微观意义上的"教育必须面向未来",它同样存在着把握"度"的问题。此外,活动不仅要能激发学生的动机,而且要提升学生的需要层次,提高其自主性,让学生真正成为学校教育活动复合主体的重要构成。

其三,学校教育在影响人的发展方面,应把培养学生的自我教育和自我控制能力以及识别、控制、利用环境的能力作为根本性任务,并贯彻到一切活动中去。这是从最根本意义上保证教育对学生的引导作用。为此,学校应为学生提供选择的可能,让学生学会选择、为自己的选择做出切实的努力和对自己的选择负责。学生的自主能力在选择中形成。

由此可见,为了使学校教育有效地影响学生的发展,学校教育工作者需要有体现时代精神的教育理念;需要对学生的发展与影响学生发展的因素做多种结构的分析和动态的把握;需要深刻认识学校内部各项活动的特殊性及教育意义,用爱心与智慧创造性地开展学校教育活动;需要将自己的教育活动与社会的其他教育因素实现有利于学生发展的关联,形成积极影响学生发展的合力。不然,学校教育的引导作用终究将只是一个良好的愿望。

(2)学校教育与个体发展具有规律性联系。①

第一,自然赋予人生命,社会赋予人使命。对于每一个人来说,生命之宝贵不仅体现在只有一次,而且体现在生命每一阶段也只有一次,独特的一次。每一阶段的独特对于人生都是不可缺少的、无法替代的。因此,要想使人生过得有意义,使个体得到充分发展,使个体的生命在人类历史上闪现光辉,就要完成生命每一阶段而不是某一阶段的独特使命,活出每一阶段的精彩和滋味来。为此,每一阶段都应有能促使个体发展和帮助完成该阶段独特使命的良好教育。生命阶段的独特决定了不同阶段学校教育的独特,生命阶段的连续决定了学校教育不同阶段间的连续。只有认识了个体发展的一般规律与序列,才有可能做出有助于个体发展的教育设计。这是学校教育与个体

---

① 叶澜.教育概论[M].北京:人民教育出版社,2006:275-277.

发展之间规律性联系的最一般的体现。从这个角度看，学校教育是被规定的，是服务于生命发展的事业。

第二，个体的发展虽然循着一定的路线，但由于影响发展因素的多层、多样、多变与多组合性，每一个人在人生的道路上都存在多种不同方向的发展可能，每前进一段都可能遇上许多岔道。人要具有认识自己、认识周围世界、认识众多岔道的前面有什么在等待着自己的能力，具有综合这些认识、根据选定的价值标准做出抉择的能力。只有这样，个体才能找到适合自己发展的独特路线。有助于个体发展的学校教育，不是也不可能具体地安排个体的发展路线，而是帮助个体在发展的过程中形成上述几方面的能力。也就是说，学校教育在于帮助个体形成发展的自主能力，使个体的发展由"自发"水平提高到"自觉"水平，使个体成为自己发展的主体。这是教育对于发展作用之能动的一面。从这个角度看，教育又不是被规定的，相反，教育的水平规定了个体生命发展可能达到的自觉水平。一个要做自己命运主人的人，就要接受培养人成为世界和自己主人的教育。若从相反的意义上看教育的能动作用，那就是教育也有可能成为扼杀人的个性发展、摧残人的身心健康发展的工具，成为人的精神生命的"屠宰场"。

第三，学校教育与个体发展的关系在时序上存在着两种可能的状态：或者学校教育滞后于个体发展，或者学校教育超前于个体发展，完全的同步是不可能的。教育要有效地促进个体的发展，须把自己的目标定在个体的最近发展区内。除此以外，教育还必须把握各种能力发展的"最佳期"。所谓"最佳期"是指人在发展过程中形成某方面的能力效率最高和达到该领域高水平的可能性最大的时期，也可看作是某方面能力触发的敏感期。

在叶澜看来，教育对于发展的能动作用还有另一种表现，那就是对个体发展偏差的矫正或对严重缺失的弥补，使个体能更好地在社会环境中生存与发展。教育对个体发展偏差能矫正到什么程度，在多大程度上实现补缺的功能，这与偏差、缺失的具体内容和严重程度相关，也与发展处于哪一阶段有关。教育在促进个体发展方面，始终有"促进形成""矫正""弥补"三方面的任务。只知道顺应个体发展水平的教育是无为的教育。抓住个体发展的最重要时期——青少年时期，无论对于完成教育的"形成"任务，还是"矫正""弥补"任务，都是富有战略性的选择。

（五）社会教育力

"社会教育力"是叶澜于2009年发起并主持的华东师范大学211项目"当代中国社会发展的教育基础及其改造"所关注的问题域，她在《终身教育视界：当代中国社会教育力的聚通与提升》一文中首次提出这一概念。[①]

1."社会教育力"概念的初步建构

"社会教育力"由三个独立的词构成：社会、教育、力。若将其组合，至少有三种可能：社会的教育力、社会的教育的力、社会教育的力。"力"，可解释为"能力"，也可解释"力量"。叶澜将"社会教育力"理解为"社会的教育力量"，它接近于"社会的教育的力"的表达，只是把"教育力"作为一个具有内在联结的词组、概念。

叶澜认为，教育是有意识地以影响人的身心发展为直接目标的社会活动。[②]强调"有意识"，意在将教育活动与人类其他社会活动区分开来，其他社会活动虽然不属于教育活动，但对人的身心发展仍有影响，这种影响可称为"教育影响"，"它同样是一种客观存在"。[③]这一说法本身已内含着"教育力"的部分理解，即人的一切活动，都内含着具有教育性的影响力。

"教育力"既包括教育活动对人身心发展的影响，还包括其他社会活动

[①] 叶澜.终身教育视界：当代中国社会教育力的聚通与提升[J].中国教育科学，2016（3）：41-67.

[②][③] 叶澜.教育概论[M].北京：人民教育出版社，2006：10.

对人身心发展的影响。前者为"教育作用力",后者为"教育影响力",它们共同构成了教育力。之所以把两者都称为教育力,是因为它们都作用于作为个体的人的一生的发展。正是在这个意义上,叶澜把教育力看作个体意义上的教育力,简称个体教育力。它存在于个体参与的社会实践之中,包括生存环境与社会活动。个体只有在自己的生命实践中,才有可能受到教育力的作用。

(1)社会教育力的两个层次。

第一,个体教育力。个体教育力古已有之,它自人类社会存在以来就有,在学校教育出现以前,每个人都是在实践活动中获得成长。随着学校的出现,尤其是学校教育的普及,以及非正规教育在行为和观念上的类学校化,人们认识上形成偏差:一方面,在观念上,人们将教育视为学校的责任,把家庭教育和社会教育看作学校教育的补充。家长认为孩子只有进入学校才算是接受教育,个人也把离开学校视为自己受教育的终结。另一方面,人们不重视其他社会活动的教育影响力,忽视其独特性存在。由此,学校逐步变为"孤岛",承担了过多的教育责任,成了"教育无限责任公司"。

中国古代历史发展充分体现了个体教育力的内在发展演变过程。在原始社会,教育通常与生产、生活实践紧密结合在一起,教、学、做真正实现了统一。我国在夏商时期便出现了学校,为统治阶级培养人才,教育与做官有了制度性关联,但这时候教育更多地起到"教化"的作用。自春秋开始,官学衰微,私学兴起,私塾出现并充当学校教育的角色,加之尊师重教之风盛行,教育作用力和教育影响力形成巨大合力,影响着我国教育的发展。此种状态以1905年"废科举"为标志宣告结束。民国时期,伴随着新学校和新学制的确立和试行,教育作用力和教育影响力之间的差别日益突出,两者之间的不平衡也逐步显现。

近代以来,社会急剧转型,教育作用力和教育影响力之间呈现对立乃至冲突。具体来说,教育作用力以学校为核心,体现和执行着国家教育意志，是改革指向的显性代表。而其他社会活动中的教育影响力往往指向于保持教育意义上获得的既得利益。"新""旧"之争并无是非对错之分。在推进教育变革的过程中，学校不可能独自发挥作用，也不应承担全部责任。

教育理论研究也体现了教育作用力和教育影响力两者之间的不平衡。一方面，学校教育研究处于主体地位，其他形态的教育研究次之，教育影响力研究被遗忘在角落，尚未进入研究视野；另一方面，在教育与社会关系的研究中，教育如何决定社会、教育如何为社会服务等问题成为重点研究领域，强调的是政治、经济。带来的结果，一是重视教育的服务性。在中央和地方的工作报告和计划中，教育通常被放在"社会公共服务"[①]部分，强化了教育的服务性，忽视了教育的独特性和根本价值。二是强调教育的社会责任，忽视社会其他系统对教育的社会责任。

个体教育力作为社会教育力的重要组成部分，具有基础性和终极价值。任何教育力的终极价值都在于促进个体的发展与成长，这也是社会进步的根本目标。在2016年3月通过的《中华人民共和国国民经济和社会发展第十三个五年规划纲要》的"指导思想"中，将"坚持人民主体地位"列为首条原则，"把增进人民福祉、促进人的全面发展作为发展的出发点和落脚点"。[②]但个体教育力还不足以构成社会教育力的全部，它还只是个体层面的社会教育力之概括。

第二，系统教育力。社会教育力还有另一个层次的存在，即社会系统层面的存在。这一层次的社会教育力分析单位是系统——组成社会的不同系统和社会全系统，其责任主体是系统的责任人系列。社会的教育责任要

---

① 《中华人民共和国国民经济和社会发展第十三个五年规划纲要》的结构也是这样处理的。在不少城市的"高新科技开发区"，如上海浦东开发区，就把文化、教育、卫生等多个领域全归在一个机构中，统称为"社会发展局"，这是上述观念在行政组织架构中的具体落实。

② 《中华人民共和国国民经济和社会发展第十三个五年规划纲要》第二章"指导思想"。

由社会各行各业、事业企业、专门领域和公共领域共同分担,如此方能落实。为了区别于个体教育力,叶澜将社会系统层面的两类教育力统称为系统教育力。

(2)社会教育力的概念界定。在叶澜看来,社会教育力是指社会所具有的教育力量。在人类社会发展的不同阶段,社会教育力有不同的构成。当代的社会教育力,由教育系统内正规和非正规开展的教育活动所生成的教育作用力,以及教育系统外各类社会系统进行的活动所内含的教育影响力两大部分构成。

社会教育力又以分析单位的不同,分为两大层面。在社会系统层面上,以不同系统为分析单位,不同社会系统所具有的社会教育力与作为社会全系统所具有的社会教育力统称为"系统社会教育力";在以个体的人为分析单位的层面上,贯穿每个人一生生命实践之时时、处处、事事所构成的社会教育力可称为"个体社会教育力"。

社会教育力的存在有潜在和实存两种可双向转换的不同形态。

这一概述可用图1-3^①表示:

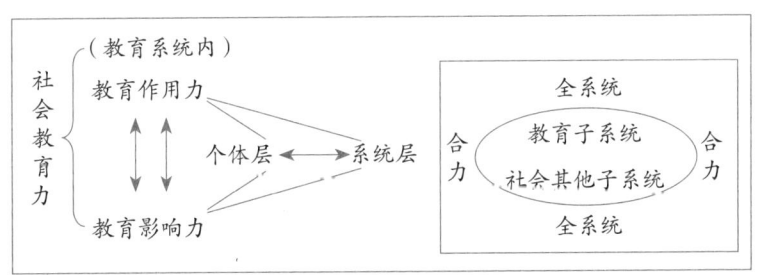

图1-3　社会教育力的内在构成与层次结构

2. 当代中国社会教育力的实存状态

叶澜描述当代中国社会教育力的实存状态为"半醒半梦"。从"醒着"

---

① 叶澜.终身教育视界:当代中国社会教育力的聚通与提升[J].中国教育科学,2016(3):61.

的地方入手，形成更多的"唤醒"和"生长"，从而实现完善与提升。

（1）当代中国：在创造与问题的博弈中实现转型。当前社会发展的核心任务是社会改革发展转型本身要升级换代。升级换代的主要指标，叶澜曾在《终身教育视界：当代中国社会教育力的聚通与提升》一文中展开论述，此处仅简要表达：一是社会发展指向和谐、民生；二是经济发展突出创新、质量；三是市场经济加强规范、诚信；四是中国社会各地区空间布局大转换，城镇化提速与美丽乡村建设并举；五是国家软实力发展提上议事日程。

据此，叶澜对"新时期"形成如下几点基本认识：第一，中国面临近200年以来从未有过的复杂大变局和发展新希望，出现了历史发展的重要转折，进入新时期。第二，社会发展必然要求教育改革向纵深发展。[1]要做大时代里的清醒人，不做不识时代的糊涂人。

（2）教育系统及其正规学制内外的教育作用力之实存状态。就个体所接受的学校教育作用力来看，我国学校教育所涉及的人数、范围已创历史新高。但仍有部分适龄儿童无法进入学校学习，辍学人数显著增加，这也是不容忽视的事实。当前，我国高等教育入学率逐步升高，学校教育作用力的可能性增大，但对个体身心发展的效果并不明显。主要障碍在于，教育的功利性太强，大部分学校的教学还处于以学科知识传授和基本技能技巧训练为核心的状态。[2]

（3）解决之道——发挥社会教育力。国家经济体制、福利待遇等宏观层面的改革直接影响着学校教育作用力的发挥，这种外部生存环境关系到每个人的发展，是学校系统无法改变的。改变当前的应试教育，是全社会的责任。只有全社会明确自己的任务，承担起改变的责任，只有教育作用力和教

---

[1] 叶澜.探教育之所"是"，创学校全面育人新生活——新时期"新基础教育"研究再出发[J].人民教育，2018（13/14）：10-16.

[2] 叶澜.终身教育视界：当代中国社会教育力的聚通与提升[J].中国教育科学，2016（3）：41-67.

育影响力各尽其责，在教育价值观上达成一致，形成互补共生的教育合力，应试教育才能真正改变。

3. 未来指向——社会教育力在聚通与提升中实现发展自觉

第一，走向"聚通"，是指社会教育力的发展要自觉建立起力与力之间的内外网络状架构。聚集，不只是同类聚集，还需要异类相关聚集，加强渠道的沟通和链接，以实现更大能量的传递与互动，激发出新的能量，最终使社会教育力成燎原之势，成为真正"时时、处处、事事"都存在的社会、教育事业自身发展以及每个人身心发展都需要且能获得的强大动力。

第二，走向"提升"，是指当前我国社会教育力的强度和品质都还需要提升，且有很大的提升空间。在叶澜看来，我们要将活动质量提升，并最终落实到作用于和有益于人的身心发展上；要着力于教育顽疾的根除和教育乱象的改变。提升是一个渐进的、无止境的过程，它本身就是发展的构成。

第三，"发展自觉"，是指与社会教育力发展相关者对个体自身发展以及发展社会教育力的自觉。任何事物的发展都与人的自觉努力相关，每个从事者在行事过程中实现自我的发展自觉，这本身就是社会教育力期待达到的理想境界。

在叶澜看来，中国教育事业的发展人人有责，中国社会教育力的发展人人有责，唯有具备这样的责任自觉，中国教育和社会教育力才有真正令人欢欣的明天。[1]

（六）教育的自然之维

1. 缘起：教育与自然关系问题的生成

对于教育与自然之间关系的探讨，是"新基础教育"研究和"生命·实

---

[1] 叶澜. 终身教育视界：当代中国社会教育力的聚通与提升 [J]. 中国教育科学, 2016 (3): 41-67.

践"教育学研究交互作用的产物。① 一方面，随着"新基础教育"研究的深入开展和"生命·实践"教育学研究的深入推进，叶澜认为对教育与自然关系的认识是需要解决的核心问题；另一方面，教育学并没有对教育与自然的关系进行专门的研究。

基于以上的考虑，叶澜认为："通过历史的回溯与分析梳理，形成对古代中华民族自然之'道'，而非只局限于对'节气'的认识，在此基础上，找回且重新构建教育和教育学中丢失已久的自然之维，就成了当前我们首先需要深入研究的新问题、大问题，成了'生命·实践'教育学续研究的重要新领域。"②

2. 前提："教育的自然之维"研究的框架

"自然之道"是叶澜提出的"教育的自然之维"的核心概念。

第一，"自然之道"的基本立足点。"人类在用语言讨论'自然'时，是用人的眼光在打量自然。'自然之道'的探寻是人对自然认识的探寻。"③

第二，界定"自然之道"的立场。"人类自古至今一直在探寻自然之道，在一定意义上，是以人自身为参照系，通过人与自然的相互关联和作用，不断加深对自然之道的认识，形成对人与自然多重关系的认识，确立对自然的态度和行为方式。认识自然之道是为了确立人在自然中的生存之道。"④

第三，分析"自然之道"的维度。叶澜将分析"自然之道"的维度概括为"三观"："一是人类的自然观，人对自然本身的认识，简称'本体观'；二是人对自然与人的关系性质之认识，简称'关系观'；三是人类对自然的意义观，即人对自然之于人类的价值判断，以及由此产生的人对自然的态度

---

① 叶澜. 溯源开来：寻回现代教育丢失的自然之维——《回归突破："生命·实践"教育学论纲》续研究之二（上编·其一）[J]. 教育发展研究，2018（2）：1-13.
② 同①：2.
③④ 同①：3.

与行为方式，简称'价值观'。"①

3. 溯源：寻找现代教育丢失的自然之维

叶澜以时间为纵轴，以"三观"为横轴，梳理了中华民族古代文化中"自然之道"形成、发展和丢失的过程。

（1）"自然之道"在演变中的形成。叶澜在《溯源开来：寻回现代教育丢失的自然之维——〈回归突破："生命·实践"教育学论纲〉续研究之二（上编·其一）》《溯源开来：寻回现代教育丢失的自然之维——〈回归突破："生命·实践"教育学论纲〉续研究（上编·其二）》中，围绕中国古代传统文化中自然观的形成过程这一中心问题，对史前原生期、文明初创期和古代经典形成期做了相对全面的梳理。

在史前原生期这部分内容中，叶澜主要就原始初民与自然的关系进行了分析和研究；在文明初创期这部分内容中，叶澜主要就充满自然气息的文字符号系统——汉字、天地人共生的中华创世神话、阴阳合历的农历、独一无二的古中医学进行了研究和分析；在古代经典形成期这部分内容中，叶澜主要围绕自然是什么、自然与人的关系、以天为则进行分析和研究。

（2）"自然之道"在社会激变中的丢失。中华民族古代文化中"自然之道"在社会激变中的丢失，主要历经了清末和民国时期两大历史阶段。

清末社会总体上的性质与结构之激变，构成了经典自然观渐被遮蔽的政治因素和经济基础。洋务运动、维新变法、西学天道观在思想层面产生了深远的社会影响。民国时期学术转型又使整体的自然被分学科的科学分解，整体的人被知识、伦理分解。教育在走向现代化的过程中，疏离了自然和传统自然观。

---

① 叶澜.溯源开来：寻回现代教育丢失的自然之维——《回归突破："生命·实践"教育学论纲》续研究之二（上编·其一）[J].教育发展研究，2018（2）：3.

4. 开来：传统自然观的当代新生与当代教育改革

（1）新自然观：传统自然观的当代新生。1949年，中华人民共和国成立，新自然观逐渐形成。关于新自然观，叶澜主要从以下几点进行分析。

第一，传统自然观的当代新生的"根"。叶澜认为，传统自然观的当代新生的"根"是传统自然观中对自然的敬重、对自然整体相互生成关系的认识，是人与自然的和谐，是用人的智慧改善生存条件的主体精神。①

第二，传统自然观的当代新生的表现。叶澜认为，传统自然观的当代新生主要表现在以下三个方面：一是对自然的认识深度变化，二是时空观的深刻变化，三是认识自然的方法论超越。

第三，自然的生命逻辑与生态逻辑。"把自然在整体上视为生命体，而非与人不同大类的非生命体，这是当代自然观的重要特质。……'天人合一'的解读，已从用天道规定人道以达成合一，转向以生命体的性质解读自然……"②

第四，新自然观的关注点。叶澜认为，新自然观"关注人自身作为独特生命体的全程、全整和谐发展"。③

第五，人与自然的关系。叶澜认为，"人与自然的本质关系不是与其斗争，而是在自然中'生存'"④，"人与自然存在内在不可分割的联系，自然与我们是最大的生命共同体"⑤。

（2）基于新自然观的当代教育改革。叶澜提出，在当代教育改革深化中，新自然观实现的最高境界是：依"教育所是"而行，达"自然而然"之境。

---

① 叶澜.溯源开来：寻回现代教育丢失的自然之维——《回归突破："生命·实践"教育学论纲》续研究之二（下编）[J].中国教育科学，2020（2）：3-29.

②③ 同①：22.

④ 叶澜，罗雯瑶，庞庆举.中国文化传统与教育学中国话语体系的建设——叶澜教授专访[J].苏州大学学报（教育科学版），2019（3）：87.

⑤ 叶澜.探教育之所"是"，创学校全面育人新生活——新时期"新基础教育"研究再出发[J].人民教育，2018（13/14）：14.

叶澜指出,"新基础教育"研究、"生命·实践"教育学派认为的"教育所是"包括以下三方面的内容:

第一,价值确定。教育是人类生存与发展不可或缺的伟大事业。

第二,思维转型。用复杂思维方式研究教育活动内在的复杂关系,研究教育系统发展之道。

第三,以身立学。我言即我信,我信即我行,以身立学,通过理论与实践多向互动,探索当代中国基础教育学校改革良策;走出创造学校新生活之路,在改革者自觉、积极参与中实现成事成人;走出创建当代中国教育学的学术之路。

叶澜认为,走到"自然而然"之境需要通过学习、反思、实践、创造,基于日常,不断实现自我更新。[1]

在探讨新自然观实现的最高境界的基础上,叶澜对教育与自然的关系进行了深入探究。

自然生态一般是指有机体或有机群体与周围环境的相互共存、共生的关系。在此特指当前我国人口群体与自然环境的相互关系。[2]人类社会的自然生态主要包括人自身与人生活在其中的自然环境。研究教育与人类社会的自然生态的关系,实质上是研究教育与人类自然生存基础的关系。[3]叶澜认为,教育在诸多方面受现存的自然生态的制约,但教育又具有改变、影响自然生态未来发展的可能。[4]

叶澜认为,当前我国教育改革需要以新自然观为基础,直面社会新转型

---

[1] 叶澜.探教育之所"是",创学校全面育人新生活——新时期"新基础教育"研究再出发[J].人民教育,2018(13/14):10-16.

[2] 叶澜.教育概论[M].北京:人民教育出版社,2006:113.

[3] 同②:99.

[4] 同②:120.

的需要与问题，从社会、教育系统和学校三个层面对教育进行重建。①

社会层面的教育重建包括以下几方面：

第一，当代自然观的教育应成为社会教育的重要构成，作为社会公众教育的基本要求。人人都应形成当代自然与人和谐共生的观念，珍惜自然对人的馈赠，不浪费，不滥开发，不盲目、过度消费。积极开展日常生活中的绿色环保，创造良好的生态环境。

第二，城市化建设，除周边街道、小区、街心花园绿化以外，还需要满足人们在建筑内工作时间与大自然的接触。建造会呼吸的大楼——具有生态内循环和平衡力的有生命新陈代谢机能的大楼，改变城市"水泥森林"的现状。尽量减少城市扩张对农村土地的侵占，保持城市水系统的清洁净化功能，减少温室气体排放，改善人居生存环境。这些不仅是政绩，更是尊重每个人的生命和提升生命质量的基本要求。

第三，美丽乡村的建设使当今中国大地换新颜，是农村文明提升到当代水平的具有全局性的极重要的决策。

第四，全社会逐渐培育出对人与自然，尤其是对儿童、老人和身边自然环境友好的风尚。

教育系统层面的教育重建包括以下几方面：

第一，逐步形成健全的终身教育体系。这是当代教育系统对人自然生长的不同阶段全程、终身需要相应的教育与学习的呼应。终身教育的完善，在认识上要达到生命全程既分阶段又相互关联，教育系统要做出积极响应并不断提高学习主体自觉需求与能力的作为，在制度上则需加强在当代教育理念指导下的贯通式的、可灵活对接的系统设计。

第二，区域层面建设完善的教育体系。在国家层面纵向贯通、观念一致的前提下，教育系统建设尚需专门研究区域作为横向"块块"意义上的体系

---

① 叶澜.溯源开来：寻回现代教育丢失的自然之维——《回归突破："生命·实践"教育学论纲》续研究之二（下编）[J].中国教育科学，2020（2）：3-29.

完善。其中主要问题在于教育系统中本土自然、文化传统资源的开发和相对特殊性的形成，同时要善于利用周边地区的教育资源，形成共享交流机制，更要开发网络资源，形成网络教育系统，以打破时空、地区的局限，形成开放、发展的全局与全球教育资源的大视野。

第三，教育系统的生态建设。中国新时期教育系统的建设，要关注整体与局部、特殊与一般、统一与多元，以及系统不同层次的主体责权的明确与分担。

学校层面的教育重建包括以下几方面：

第一，改变学校的时空设计。学校时空与大自然、传统文化的隔离问题，自现代学校制度推行以来，随着城市化的加速推进，在城市学校中越来越突出。学校时空设计趋向自然的改革，是自然走进学校日常的全局式起始变化。

第二，深化学校教育活动的改革。不改变学校教育活动的内容构成和过程结构，新自然观就难以融入当代学校教育的目标。

第三，发挥农村学校办学优势。农村学校在基本条件具备的情况下，是可以大有作为的教育天地，是教育生根于自然之中，体现民族、民间文化并将其化作育人资源的宝地。农村学校唯有办出了它的独特性，才有真活力。中国有相当数量的学校在农村，农村学校的改革和特殊魅力的呈现，是实现教育中城乡双向互补，成就全局意义上的教育由现代向当代转化之浓墨重彩的一笔。

三、教育基本理论思想的主要贡献

叶澜是国内教育基本理论研究的重要领军人物，多年坚持在这一领域辛勤耕耘，取得了较为丰硕的成果，其贡献主要体现在以下几个方面。

（一）提出了教育基本理论研究的新学说

20世纪90年代初，叶澜的专著《教育概论》是国内较早且较具原创性、在一定意义上超越诸多传统教育学教材的典型成果。在这一成果中，她建构了"教育概论"的基本范畴和框架，提出了"教育交往起源说"及影响人身心发展的"二层次三因素论"等新理论；在传统认识基础上，对"教育是什么"及教育与人（生）的关系、教育与社会的关系等提出了新观点。这部著作也因此成为国内高校教育学专业研究生招生与培养的重要参考书。此后，她还在教育功能研究[①]、教育价值研究[②]、教育理论与实践关系研究[③]、中国教育学元研究[④]等方面均有新突破。概括地说，叶澜的教育基本理论研究涉及了这一领域的主要方面，且均有新阐发。

（二）开拓了教育基本理论研究的新领域

综观叶澜的教育基本理论研究，她不仅对传统问题有新论述，而且以其敏锐的学术眼光开辟了新的问题域。如早在2004年主编"全球化、信息化与学校变革丛书"，关注信息化背景下人的发展和学校变革问题；2006年主持召开以"教育理论与技术的对话"为主题的学术研讨会。她提出：信息化有基础性技术存在、结构性社会存在和生命性个体存在三种形态；随着信息技术全面拟人化的走向，未来可能全面改变现存的人与技术关系，由拟人化走向属人化，走向信息技术服务于人的解放与发展。这些探索和努力率先开

---

① 叶澜.教育两大功能关系之探究［J］.教育研究，1990(1)：6-12.

② 叶澜.试论当代中国教育价值取向之偏差［J］.教育研究，1989(8)：23-29.

③ 叶澜.思维在断裂处穿行——教育理论与教育实践关系的再寻找［J］.中国教育学刊，2001(4)：1-6；叶澜.大学专业人员在协作开展学校研究中的作用［J］.中国教育学刊，2009(9)：1-7；叶澜.大中小学合作研究中绕不过的真问题——理论与实践多重关系的体验与再认识［J］.教育发展研究，2014(20)：1-5；叶澜.转化融通在合作研究中生成——四论教育理论与教育实践的关系［J］.教育研究，2021(1)：1-21.

④ 叶澜.中国教育学发展世纪问题的审视［J］.教育研究，2004(7)：3-17.

辟了教育基本理论研究中教育（学）与技术关系的新领域。再如，她在传统的教育与社会关系研究中，反向思考并提出"社会的教育责任"问题和"社会教育力"这一核心概念，拓展了教育基本理论有关教育与社会关系研究的新空间。近年来，叶澜持续探索当代中国教育改革、当代中国教育学与中国文化传统的关系，努力接续两者间的血脉，为此提出"寻回现代教育丢失的自然之维"问题，探究教育（学）与自然的关系。她的这些探索为广大教育学人的教育基本理论学习与研究提供了新资源和新可能。

（三）推进了教育基本理论研究的新发展

多年来，叶澜一直致力于教育学的"家园"建设。一方面，她通过提出新学说、开辟新领域，不断确认教育基本理论研究相较于其他学科有关教育研究的"独特性"；另一方面，她不断呼吁加强教育学科研究的"自我意识"，通过对学科研究的系列、系统反思和清思来推进教育基本理论研究。如，2001—2005年她连续担任《中国教育学科年度发展报告》的主编，对每年教育基本理论研究进展、问题等进行系统、深入分析；与此同时，她明确提出"教育学的学科立场"问题，在学界一再强调教育学的学科独立性和当代教育学的重建等。这些努力对于强化教育学人的学科意识、主体意识具有重要作用，对于维护和提升教育学的学科尊严与教育学人的专业尊严亦有重要意义。

第二章　教育研究方法论的概念生成

> 学习方法论不是用来讲和写文章的，而是用来改变自己脑子的。方法论研究只有最终表现为自己认识世界的思维方式变了，才算是学得有成效了。空谈方法论是无意义的。
>
> ——叶澜

从1806年赫尔巴特（J. F. Herbart）的《普通教育学》出版算起，教育学作为一门学科已诞生215年。如赫氏所担忧的，这门学科一直处于成为其他学科"殖民地"的危机与抗争之中。促进教育学的独立并确认教育学的独特性成为一代代以教育学为志向的教育学人的学科使命。这一情形在中国尤甚，因为自近代教育学"降临"中国[①]，一直未能摆脱对西方教育学和其他学科的依赖。对此，叶澜具有特殊的学科敏感，在20世纪80年代呼吁"加强教育科学的'自我意识'"，使教育学由"自在"状态走向"自为"状态，并强调"这种自我意识是由从事研究的人来实现的"，立志致力于教育学的"上天"和"着地"。[②]

---

① 叶澜.中国教育学发展世纪问题的审视[J].教育研究，2004（7）：3-17.
② 叶澜.关于加强教育科学"自我意识"的思考[J].华东师范大学学报（教育科学版），1987（3）：23-30.

进入21世纪,她又指出:"当今我们面临着实现中国社会、中国教育、中国教育学的当代转型任务……努力开创中国教育学的新纪元。"[①] 回顾叶澜的学术生涯,可以说她一直努力探寻教育学的学科独立之道和揭示教育学的独特性,做出了较为突出的贡献。其中,教育研究方法论既是其学术研究重心之一,也是她开展学术研究的独门"武器"。在她看来,"一门学科的方法论水平,可以成为衡量这门学科成熟度的重要标志,而方法论的发展也必将成为促进学科成熟度提高的最根本手段"[②]。探究并体认叶澜的教育研究方法论思想,对加强教育学研究队伍建设和提升教育研究水平具有重要意义。

一、教育研究方法论思想的框架与发展历程

(一)教育研究方法论思想的框架

叶澜是国内较早从事教育研究方法论研究的学者之一。她首先分析教育研究方法论与其他学科研究方法论在概念界定上的不同与差异,然后回顾西方与中国教育学科发展史上具有代表性的教育学研究者的方法论思想,进一步吸收不同哲学理论流派、众多横断学科、其他人文社会学科中的方法论思想,最后聚焦于教育研究方法论的主要内涵,形成了教育研究方法论思想的基本框架(如图2-1所示)。

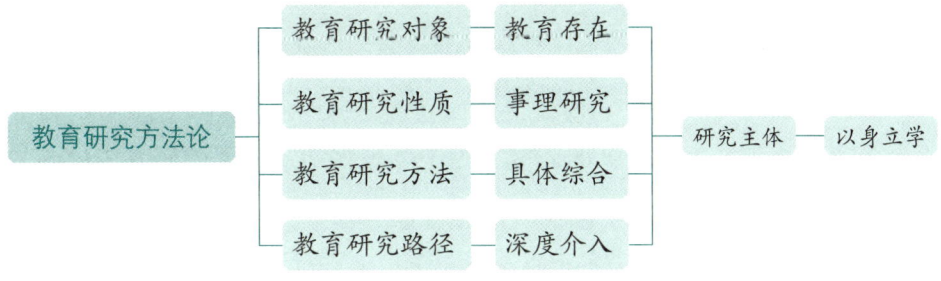

图2-1 教育研究方法论思想的框架

---

① 叶澜.从"冬虫"到"夏草"——"生命·实践"教育学派生成过程的个人式回望[M]//叶澜.方圆内论道:叶澜教育论文选.北京:中国人民大学出版社,2019:7-8.

② 叶澜.教育研究方法论初探[M].上海:上海教育出版社,1999:17.

（二）教育研究方法论思想的发展历程

在较长时间里，国内有教育研究方法的研究，缺乏教育研究方法论的思考。叶澜是少有的具有教育研究方法论自觉的学者。这与她20世纪80年代（1981—1982年）赴南斯拉夫为期两年的访学有关。"（20世纪）80年代在南斯拉夫萨格勒布大学的访学，对第一次走出国门的我而言的挑战和新异冲击同样是难忘的……最主要的挑战与冲击发生在专业思想认识和大学教育、教学方式上……最后，我意识到了我们研究教育学，存在方法缺失和方法论贫乏的严重问题……教育研究方法论作为一个问题首次浮现在我脑中。"[①]

回国后，她开始开展教育研究方法论的探索，将其作为教育学科元研究的重要内容。1999年，她的专著《教育研究方法论初探》出版了。在这一专著的前言中，叶澜说："方法论的'幽灵'已经纠缠我十多年了。"其实，现在可以说方法论的"幽灵"伴随了她的学术生涯，一直是她研究的核心领域。回顾叶澜的方法论研究，南斯拉夫访学是触发点，此后的深化、突破则离不开她以下几个方面的努力。

1. 通过广泛深入的阅读重构方法论知识结构

了解叶澜的人，都知道她的阅读量大，理论触角广泛而敏感，阅读习惯是从外围逐渐聚焦到中心。为了对方法论做出界定，她查阅了大量的其他学科的方法论专著、词典；为了梳理教育学发展史中方法论的转换，她重读中外教育思想史和西方不同历史时期代表人物的教育学著作，从方法论视角开展教育学科史发生论意义的研究；为了反思哲学与教育研究方法论的关系，她阅读了新中国成立以来代表性的教育学著作、20世纪80年代以来出版的有影响力和代表性的西方哲学论著，提出教育研究对哲学需要选择和明

[①] 叶澜.从"冬虫"到"夏草"——"生命·实践"教育学派生成过程的个人式回望［M］//叶澜.方圆内论道：叶澜教育论文选.北京：中国人民大学出版社，2019：7-8.

确选择标准的新问题①；为了吸收以系统论为代表的横断学科对教育研究方法论的营养，她系统阅读了新旧"三论"代表作和复杂科学方法论的代表作，提炼出横断学科从研究视角、思维原则、模式、路线、观念到有关复杂对象的范式等方面对教育研究的方法论启示②；为了了解数学学科对教育研究方法论的影响，她专门阅读数学史及与现代数学变化趋势、特征有关的专著、论文，在突破定量研究方法局限性的意义上，讨论数学的教育研究方法论价值；为了摆脱科学主义的束缚，她阅读的范围从19世纪狄尔泰（W. Dilthey）、李凯尔特（H. J. Rickert）等人的著作，一直到当代社会科学方法论研究的西方典型人物的著作，提出教育学科只有经历过自己的"培根时代"，才有可能形成独特的自我③。"正是不同层次和不同领域的阅读思考、批判反思、提炼吸收、融通重建的过程，加速改变了我的知识结构和思维方法，加深了我对方法论研究在人类认识史发展上重大意义的认识和体验，使自己强烈意识到当代教育学科重建意义上的研究与发展，绝不能没有方法论的研究与突破。正是在上述自我突破的基础上，我有了从方法论研究整体视野对教育研究方法论的特殊性做出思考的可能。"④叶澜曾强调教育学是一门"通学"，即"教育学是一门伫立在八方知识汇集点上的学科……这是一个类似蜜蜂'酿蜜'的复杂过程"⑤。在方法论研究中，她以自己的阅读与"酿蜜"过程做出了"通学"的示范：对其他学科有关方法论的研究与理论不人云亦云，在深入辨析、批判、反思后做出符合教育学立场和教育研究需要的重建，得出体现教育研究方法论的独特结论。

---

① 叶澜. 教育研究方法论初探 [M]. 上海：上海教育出版社，1999：131-135.
② 同① : 192-215.
③ 同① : 301-304.
④ 叶澜. 从"冬虫"到"夏草"——"生命·实践"教育学派生成过程的个人式回望 [M]// 叶澜. 方圆内论道：叶澜教育论文选. 北京：中国人民大学出版社，2019：17.
⑤ 叶澜. 回归突破："生命·实践"教育学论纲 [M]. 上海：华东师范大学出版社，2015：133.

2. 在理论研究与实践运用中实现方法论的突破

叶澜不仅研究方法论，还始终坚持在研究中运用方法论，在运用中不断体验方法论和发现方法论的新的生长点，做到方法论理论研究与方法论实践运用的内在融通。在她看来，"方法论的突破也是自己认识教育的视角、思想方法和思维路线的更新，且首先要发生在研究者的头脑里，再渗透到研究问题的全过程，并在过程中得到发展、清晰和完善，最后得出的结论，不只是研究所形成的新观点，同时也成为体现方法论的载体"[①]。她在南斯拉夫访学期间接触到系统论，回国后就将这一新的方法论思想运用在《教育概论》写作之中。她以系统论的思想方法认识教育，将社会作为教育系统外的环境，将教育作为社会子系统来认识教育与社会的相互关系；将教育整体分为宏观、中观与微观三个层面，注重教育系统不同层次的关系及相互作用的研究；以综合、动态、过程的思想方法，研究教育与社会、教育与个人的关系，尤其是对影响个体发展的诸因素及其相互关系进行了重构式探索，提出"二层次三因素论"，摆脱了形而上学的束缚，详细分析不同层次影响因素的具体作用及变化趋势，明确提出人的发展在实质上是个体生命的多种潜在可能逐渐转化为现实个性的过程。可以说，《教育概论》是叶澜方法论运用的"牛刀小试"，使她对教育研究对象的复杂性有了更清晰的理解，进一步激发了她寻找研究复杂教育问题的方法论"武器"的自觉性，提出要改变用简单分析的眼光去看复杂教育世界的思维方式。这些新的认识标志着叶澜方法论研究参照系的一次跃迁，即从新旧"三论"向复杂科学思维的转变。对复杂科学思维的学习与研究，使她意识到对新的复杂事物的研究逻辑的探究正在兴起，它预示着可能出现科学家园的重建。从复杂科学思维的视角看，教育研究"可能是人世间复杂问题研究之最"[②]。"如果说，以传统科学标准

[①] 叶澜. 从"冬虫"到"夏草"——"生命·实践"教育学派生成过程的个人式回望[M]//叶澜. 方圆内论道：叶澜教育论文选. 北京：中国人民大学出版社，2019：10.

[②] 叶澜. 世纪初中国教育理论发展的断想[J]. 华东师范大学学报（教育科学版），2001（1）：5.

构建出来的科学宫殿不可能有教育学的位置,那么,在新的科学家园的建造中,我们会不会因还在追求'昔日旧梦'而丧失作为成员的资格呢?"①叶澜努力探求复杂科学方法论在教育研究中的转化,致力于使教育学成为新兴复杂科学家族的一员。

"教育学科研究对象的综合复杂性,决定了学科研究的根要扎到教育的原生态之中。唯有研究原生态,才能发现关系与结构、互动与生成、转化与发展,认识确定性与不确定性在现实中的统一,寻找教育因素、过程与演化展开的内在复杂逻辑。"②叶澜所开创且持续至今的"新基础教育"研究以实现学校现代转型为宗旨,研究对象的复杂程度远超于对个别领域、个别方法的改革,研究过程充满不确定性。因为在教育实践变革中运用了复杂思想方法论,所以叶澜的教育理论和教育改革思想有了新的创造和生成,既提出了许多"新问题"(如学校整体转型等),也对许多"老问题"(如教育理论与实践的关系等)有了新回答。这集中反映在《"新基础教育"论——关于当代中国学校变革的探究与认识》《回归突破:"生命·实践"教育学论纲》等代表性著述之中。

3. 在日常生活中领悟方法论

叶澜曾将个体的学习实践区分为"他向学习"与"我向学习",前者是指个体对现成知识、理论的学习和对他人经验的学习,后者是指个体对自身实践的所得所失以及过程的认识理性化、清晰化和自觉化。③她本人在日常生活中就十分善于"我向学习",曾言:"我的人生就是读两类书:第一类

---

① 叶澜.世纪初中国教育理论发展的断想[J].华东师范大学学报(教育科学版),2001(1):5.

② 叶澜.在裂变与重聚中创生——2001—2005年中国教育学科发展评析[R]//叶澜.中国教育学科年度发展报告:2005.上海:上海教育出版社,2007:14.

③ 叶澜.思维在断裂处穿行——教育理论与教育实践关系的再寻找[J].中国教育学刊,2001(4):1-6.

是无字的生活与自然之书，它必然以碎片、偶遇的方式嵌入我的生存世界，一个不大肯停的脑袋、有感触即想记录的习惯，使之成为可称为随笔或散文但绝不是符合文学专业标准的文字……第二类是文字之书，若有所悟所启，也必以随心而走的读书笔记方式记下……这些启发渐渐化成了我精神世界的构成、学术视野和理念观点，更新着我的思维方式。"[①] 她常说，善于学习的人"脑袋里会长'钩子'"，带着这样的"钩子"就能在平常之时、之事、之人中悟出不平常的道理，学习到新东西。带着这样的学习意向，她通过与普通司机的谈话，能谈出"'车'与'道'的学问"；观《印象刘三姐》的表演，能想到"继承"与"创新"的关系及其内蕴的思维方式；听德德玛的歌，能听出"传统"与"现代"的融通与转化；从普通的"寻物"过程，能悟出"确定性与不确定性的关系"；看微信，能产生对碎片与系统关系的思考……。[②] 这些充分说明方法论意识、方法论自觉在教育研究中的重要性，带着这样的意识与自觉，就能发现不一样的教育、不一样的人生和不一样的世界。

二、教育研究方法论思想的概念生成

叶澜认为，"方法论的研究对象不是纯方法，也不是纯客观对象本身，而是两者的关系，即方法整体与对象特性的适宜性问题"[③]，因此，"教育研究方法论从总体上探讨教育研究中对象与方法的关系及适宜性问题"[④]。为此，她的方法论研究围绕教育研究对象、教育研究性质、教育研究方法、教育研究方式等展开。

[①] 叶澜.俯仰间会悟：叶澜随笔读思录［M］.北京：中国人民大学出版社，2019：自序.
[②] 同①：10-17.
[③] 叶澜.教育研究方法论初探［M］.上海：上海教育出版社，1999：14.
[④] 同③：18.

(一)教育存在

弄清研究对象"是什么"是教育研究及其方法论探索的起点。对此,学界长期存在争论。对于教育研究对象概念的多样性,叶澜强调"'研究对象'的概念由研究主体建构而成,并不是对实存对象本身的完整、全部表达,也不是实存对象本身。因为人的认识会相对进步,但难以穷尽,当实存对象是变化的事物时尤其如此……因此可以说,概念不仅有客观性、主观建构性,还有历史性。每个概念自诞生以后,就开始了其自身多元发展的概念史"[①]。正因如此,人们对于教育研究对象"是什么"的认识经历了一个发展过程,这些认识也因而存在不同的问题。如从确定研究对象的范围入手,存在"泛化"和"窄化"两种倾向。"泛化"主要表现在两个方面:一是把研究对象确定为"人",将教育的对象等同于教育研究的对象;二是把研究对象范围规定为凡是对人的身心发展产生影响的活动,失去了研究对象——教育的边界。"窄化"主要表现在三个方面:一是以教育现象为研究对象,在承认教育实践形态的同时排除了教育观念形态;二是以教育问题为研究对象,把教育研究活动中构成的现实研究对象等同于教育研究对象的可能范围;三是把教育研究对象规定为教育现象及其规律,将"规律"列入混淆了研究对象与研究目标。为了避免这些问题,叶澜提出教育研究的对象为"教育存在"。在1990年出版的《教育研究及其方法》一书中,她指出"教育研究的对象是教育存在……'教育存在'中的'存在',在此是指相对于'无'的'有',而不是指相对于'意识'的物质'存在'。因此,'教育存在'包括两种形态:一种是实践形态的存在,一种是理论形态的存在"[②]。后来在《教育研究方法论初探》一书中,她进一步指出"关于教育研究对象的范围,从现在的研究实践和逻辑分析来看,最有概括力的表述是'教育存在'。……要认识其范围,不仅要说清'教育存在'指什么,还要讲清什么不在'教

---

① 叶澜.回归突破:"生命·实践"教育学论纲[M].上海:华东师范大学出版社,2015:144.
② 叶澜.教育研究及其方法[M].北京:中国科学技术出版社,1990:3-4.

育存在'范围内"①。她将教育存在分为三类：第一类是"教育活动型存在"，指一切以影响人身心发展为直接目标的人类实践活动；第二类是"教育观念型存在"，指各种在教育认识活动中形成的有关教育的意见、观点、思想、理论和学科等，是有关教育活动的"认识成品"，可以是常识的、零散的，也可以是科学的、系统的；第三类是"教育研究反思型存在"，指对教育研究活动及教育学科本身发展性问题研究的产物，是对教育研究活动及其系统成果的再认识。

上述三类教育存在不仅在范围上有区别，而且在层次上有差异，分别构成三个层级，后一个层级的产生以前一个层级的存在为前提。从历史角度看，三个层级也是依次产生的：最基础、具有原始对象性质的是教育活动型存在，教育观念型存在在形成系统理论和学科后会对教育活动型存在产生引导、指导的作用，教育反思型存在具有调节、检讨教育活动型存在及其成果的性质。三个层次的对象不仅有区别，而且通过双向多层次的相互作用发生关联，成为一个独特的"教育研究对象群"。这三层结构可以称作"教育研究对象的层间结构"②。每一类教育存在内部还具有不同的层次。教育活动型存在的内结构有宏观、中观和微观三个层次。教育观念型存在比较复杂，有系统认识与非系统认识、科学认识与日常认识、公认观念与非公认观念之分。教育反思型存在主要由教育研究学（如研究方法与研究方法论）、教育学科学和教育学科发展史学等构成。

通过上述对教育存在的分析，可见揭示教育研究对象的特殊性是一项复杂的工作。但从认识程序上，首先需要分析教育研究对象最原始、基本、具有原生性的对象——教育活动型存在的特殊性。只有对这一特殊性有了清晰的把握，才能对教育观念型存在、教育反思型存在的特殊性做出分析。

对教育活动型存在的特殊性，叶澜首先以划界的方式予以分析：它是人

---

① 叶澜.教育研究方法论初探［M］.上海：上海教育出版社，1999：306.
② 同①：309.

为的社会实践活动，是以人为直接对象和以影响人的身心发展为直接目标的社会实践活动。如此将其与一切以物为对象的活动区分开来，又与其他与人有关但不以人身心发展为直接目标的人类活动区分开来。进而，从教育活动的结构与过程入手，叶澜指出它由教育者、学习者及教学内容三要素构成，且至少由教与学两类活动组成。由于教与学两类活动的共时性和教育者与学习者两类主体的双边性，因而教育活动可以归结为两类主体的特殊人际交往和交互作用，最终目的是实现学习者的发展，促进学习者的多种潜在可能向现实转化。"若要从深层把握教育活动的本质特征，就应着力于对这种转化的性质与过程的分析。"[①]这种转化是在教育者有目的活动的作用下，学习者通过学习活动使自身发展多种可能性向现实性转变的过程，也是教育目的与内容向学习者个体内在身心发展的转化。这一过程充满不可预测性、复杂性、综合性和动态生成性。

综合地看，叶澜对教育研究对象的界定体现了以下几个特征：一是从单一走向多维，通过"研究对象是什么"与"研究对象不是什么"的划界方式构建研究对象的基本范围，确定研究对象的不同类型；二是从平面走向立体，在对研究对象分类的基础上确定不同类型研究对象之间的层级交互关系和同一层级研究对象内部的类型及其结构；三是从静态走向动态，不再局限于某种教育研究对象的抽象概念，而是进入到研究对象自身发展变化过程及其可能带给研究过程的影响，使对研究对象的探究从表层认识深入到内部过程的内在机制与逻辑；四是从简单走向复杂综合，摆脱对教育现象、教育问题及规律等传统对象的初步描述，通过层次与结构、交互关系与作用、动态生成、过程机制与逻辑等方面的揭示呈现出研究对象的复杂性、综合性。这些方面的进展，使人们对教育研究对象的特殊性有了充分认知与把握，从而为确定教育研究的性质奠定基础。

---

① 叶澜.教育研究方法论初探[M].上海：上海教育出版社，1999：317.

为了深化对教育存在的理解,叶澜在《回归突破:"生命·实践"教育学论纲》中又进一步阐释。[①]

其一,强调教育存在的界定以确立教育学立场和认识教育活动的性质为前提。无教育学立场意识,不可能将教育存在限定在教育学研究的领域之内。

其二,"教育存在"只是一个概括性表达,其内涵的丰富性由教育学著作的内容具体呈现。这并不是说每一位教育学研究者必须研究教育存在的全部,或每一本著作应体现教育存在三种形态的研究。但就教育学著作的总体来看,目前研究的内容都在上述三种形态的范围内,只是各自重心、结构、观点有所不同,对教育活动型存在的研究则是最普遍的内容。

其三,教育存在的提出,不只是概括了教育学科研究对象的总体,还意在表明与杜威不同的、可称为"教育学内资源"的观点,即强调教育学不仅要如杜威所说,从与教育学相关学科的"外资源"中汲取观点、方法等"营养",而且要树立"内资源"的研究对象观,深入研究教育存在中包含的"内资源",且对"外资源"做出符合教育学建构所需要的选择和综合重组,形成教育学意义上的理论基础。

(二)事理研究

基于对上述教育研究对象——教育存在的分析,尤其是对教育活动型存在的分析,可知教育存在异常复杂,对它的研究不是纯粹的物的研究,也不是纯粹的精神或意识的研究,既涉及事实的呈现与描述,也涉及价值的判断与转化,既有理性的深入分析,也有感性的应用体验。因此,对教育的研究不同于自然科学对物的"物理"研究,也不同于心理学等精神科学对人"心理"的研究,因而难以用传统的自然科学研究或社会科学研究、价值研究或

[①] 叶澜.回归突破:"生命·实践"教育学论纲[M].上海:华东师范大学出版社,2015:154-155.

事实研究、基础研究或应用研究的思路来对其予以归类。为此，叶澜将教育研究称为"事理研究"，"即探究人所做事情的行事依据和有效性、合理性的研究。它不同于一般所言的现象研究，仅要求对现象进行描述和说明。它是为成事，即办好此事而开展的研究，所以必须包含下述两大类型的研究：作为依据的研究，可称作基本理论研究；作为有效性和合理性的研究，可称作应用研究"①。为了进一步说明事理研究的内涵，她进一步强调："事理研究既不像自然科学，是对人的外界物体之研究，以说明'它'是什么为直接任务，也不像精神科学，是对人的主观世界状态的研究，以说明主体'我'之状态、变化、性质以及为什么会如此等为直接任务。它以人类自己所创造、从事的活动为研究对象，既研究事由与事态、结构与过程、目标与结果等一系列与事情本身直接相关的方面，也研究如何提高活动的合理性、效率、质量与水平。事理研究的目的指向如何使活动更富理性，如何通过活动更好地满足人们对从事这项活动的需求。因此，它是一种既要说明是什么，又要解释为什么，还要讲出如何做的研究，包含价值、事实和行为三大方面，且三大方面呈现出三种时态（过去、现在和未来），涉及活动主体与对象、工具与方法等多方面错综复杂的关系。……事理研究的另一个特征是关注人作用下的事物间的转化。这里不仅有形态的、结构的转化，而且有物质与精神间、不同主体间、实践阶段与水平间、人所在的外部世界与内部世界间、社会与个体间等多方面、多形态、多时态、多事态、多主体的多重多次转化。……教育研究的性质属事理研究，它以研究教育的综合生成和动态转化过程，揭示这一生成过程的一般规律为理论研究的目的，其中包括教育活动的价值取向及规律性演变（含教育目的的形成与变化），教育过程的本质及规律研究（含教育要素间动态的相互作用及转化）。"②

叶澜对教育研究性质的界定突破了或者说绕过了传统的划分方式，建构

---

① 叶澜.教育研究方法论初探［M］.上海：上海教育出版社，1999：322.
② 同①：323-325.

出理解教育研究性质的新视角和新框架，也确定了相较其他学科研究不同的教育研究性质的特殊性。之所以有这种突破，与以下几个方面有关：

其一，20世纪80年代赴南斯拉夫访学极大解放了叶澜的思想，丰富了她对教育学研究及方法论的视野。如她在《南斯拉夫教育科研中的方法论问题》（该文署名"冰火"，是叶澜的笔名）中说："研究对象范围的扩大和整体化，要求研究者的思想方法也发生变化，那就是要实现方法论上的转变：抛弃形而上学的思想方法，用辩证法研究教育问题；不限于单因素的研究，注意整体结构研究，不是只采用某些研究手段，而是综合运用多种研究方法。……对于教育学科内部来说，要处理好理论研究与应用研究的关系；注意各学科之间的分工与联系；注意'主观与客观，现实与理想，个别与一般，个人与宗族，过去、现在与将来，思考与执行'等一系列矛盾之间的统一。"[①]访学所遭遇的一系列问题成为其后续方法论研究的起点（其中包括对研究性质的探究），为突破固有认识奠定了思想基础。

其二，系统科学等新兴学科促使叶澜思维方式转型，为她关于事理研究的认识奠定了基础。应该说，系统科学为叶澜提供了拓展、重构当代教育研究问题域、研究对象和研究性质的新视角和新思维。"系统科学把研究对象确定为复杂事物，并确认：对复杂事物的认识，不能沿着把局部、要素从整体中孤立出来，研究其性质，再把它们'相加'，得出对整体的认识这样的道路前进……对复杂事物，不能通过将其还原为简单事物的方法来认识，而是应该研究复杂事物本身。"[②]系统科学促使叶澜反思传统教育研究思维上的问题，如研究局部忘记整体、重视静态分析忽视动态过程等，而且"我们在教育研究中缺乏对象结构的层次意识，习惯于平面思维，常常不是忽视了多层次性、层次与层次间的关系研究，就是把原来不是一个层次上的问题放到一个层次上来争论。正是由于缺乏层次意识，所以就无法理解在同一层次上

---

① 冰火.南斯拉夫教育科研中的方法论问题[J].外国教育资料，1986(1)：11-12.
② 叶澜.教育研究方法论初探[M].上海：上海教育出版社，1999：195.

的不同方面,甚至对立方面,在新的更高层次上实现综合的可能"①,"以往的教育研究中,不仅缺乏立体式的内部空间框架,也缺乏随时间演化的不同态和轨迹的观念……对于教育这样的复杂系统来说,非平衡态是常态,演化是绝对的,稳定却是相对的。要全面认识教育系统及其发展,就不能不研究它的非平衡态和远离平衡态"②,"在自然系统中,演化是一个随机的过程……在人为的系统中,如果人不有意识地干预,这种随机性会表现得更复杂。这实际上是向研究者提出了研究随机性和如何抉择、如何为人类在随机性面前做出选择提供依据的问题"③。这些认识对叶澜在探讨教育研究的性质时突破事实与价值、理论与应用、自然科学与人文社会科学等非此即彼割裂观念至关重要,使她形成了体现整体、综合、复杂、交互、动态、生成特征的事理观念。

其三,中国文化传统的潜在影响。在叶澜看来,中国文化传统是当代中国教育学重建和教育研究的重要命脉之一。她曾反思:"20世纪80年代起,在实现现代化目标的鼓舞下,中国自经济领域始,继而文化、思想界经历了一次主动面向西方世界,寻求发展良方或捷径的大开放……现在与一个半世纪前的不同,在于我们已经如此地习惯西方,常常是用中国的话语,沿着他人提出的问题与思路,转述着别人的思想与结论,忘掉的恰恰是最重要的:'以中国人的身份做研究'。这样无穷无尽的追赶,是中国文化发展的出路吗?中国的文化传统只意味着落后与保守,对于今日的中国乃至世界都没有意义了吗?在我看来,这些问题的提出,也许是百年反思的最大收获:我们需要重新认识中西文化关系,重新认识中国文化传统,在与西方文化的比较中认清自己的独特与价值。"④基于文化自觉,叶澜一直重视中国教育理论的

---

① 叶澜.教育研究方法论初探[M].上海:上海教育出版社,1999:198.

② 同①:203.

③ 同①:207.

④ 叶澜.回归突破:"生命·实践"教育学论纲[M].上海:华东师范大学出版社,2015:242-243.

原创性问题。[①] 用充满中国文化意味的"事理"作为概括教育研究性质的核心概念是她开展中国教育理论重建的重要尝试。"事理"是中国特有的观念。三国魏刘劭最早在其代表作《人物志》中言及事理及事理之家[②]，切己体察、反求诸己等都是中国知识分子探究事理并在探究之中实现自身发展（修养、修身）的基本原则。具体来说，中国人所谓事理之事不是物理现象的那个事，而是人之事（人事）。"与实体不同，事理之'理'属于'虚体'。言其'虚'，是说它并无具体可见的外形，且不受空间因素的阻滞。但它又并非虚无和空幻，而是一种可把握的'体'。它蕴含在事中，蕴含在做事的人对'成事'的谋划、审度和价值考量中。因此，它无法像实体那样被直接看到、触摸到，而只能凭借行动者的反思、主体间的'理解'，凭借人类自身的理性能力从交织着各种主观因素的'事情'中清理出头绪来。"[③] "人事"之中蕴含"人"，人与事相互纠缠，"作为具体的存在，人既化本然对象为人化实在，从而创造现实形态的意义世界并存在于其中，也一再追问自身的存在意义并指向内在的意义世界"[④]。可见，人与参与之事、成人与成事具有内在关联性。这与教育的本义和教育学的追求又建立起联系。可见，教育研究是事理研究这一中国式回答，蕴含了中国文化智慧和未来教育学发展的中国可能。

（三）具体综合

在叶澜看来，研究对象与方法的适切性是方法论研究的第一要义。那么基于教育研究对象的类型、层级、结构和教育研究作为事理研究的特殊性，教育研究在方法上有什么特殊性？1987年，她与施良方共同选编《教育研

---

① 叶澜. 世纪初中国教育理论发展的断想[J]. 华东师范大学学报（教育科学版），2001（1）：1-6.
② 牟宗三. 历史哲学[M]. 桂林：广西师范大学出版社，2007：旧序三.
③ 徐长福. 理论思维与工程思维——两种思维方式的僭越与划界[M]. 上海：上海人民出版社，2002：42.
④ 杨国荣. 成己与成物——意义世界的生成[J]. 学术界，2008（5）：56.

究方法》文集①，1990年独著《教育研究及其方法》，对教育研究中常用的各种方法十分熟悉，曾从不同维度对流行的教育研究方法做出各种分类，由此思考教育研究方法的特殊性。"首先，教育研究方法在移植自然科学的某些研究方法时，如实验、观察等做了人文化的改造。改造的中心是既保留自然科学研究方法中客观、准确的优点，又考虑到教育研究对象涉及人与人的活动这一特点，尽量注意人的主观能动因素、人类社会活动的伦理道德因素和社会活动规律的特殊表现形式。其次，教育研究方法体系呈现出极强的综合性。这与教育研究对象的综合性极强密切相关，而且能够并需要吸收、移植一些自然科学的研究方法。"②从这一阐述可见，她注意到了移植其他学科方法时必须结合教育研究的具体情况进行改造，同时明确指出教育研究方法不是单一的某种方法包打天下，而是多种方法的综合运用。这一认识在《教育研究方法论初探》中进一步得到深化，她指出："认识复杂的教育系统的活动，在方法体系上同样需要综合，要克服简单的、抽象的和静止的认识教育问题的思想方法，放弃寻找普遍的、万能的教育模式和教育规律的企图……教育研究方法体系的综合性，集中体现在它需要哲学方法、科学方法和艺术方法的综合运用。这三大方法内部又有综合。在一定意义上，教育研究需集人类研究方法之大成。"③这种综合主要表现在哲学、科学、艺术方法的综合运用。

具体而言，在涉及教育价值（"应然"层面）、教育本质、教育中的人（人的本质与人性）、教育存在的整体认知和对已有教育理论的理解、解释、反思与批判等时，都会用到哲学方法。"这种思想工具的作用渗透在对每一个教育问题的认识中。所以，哲学方法在教育研究中的作用并不限于局部，

---

① 该文集列入瞿葆奎先生主编的《教育学文集》，由人民教育出版社1988年出版。
② 叶澜.教育研究及其方法［M］.北京：中国科学技术出版社，1990：37-38.
③ 叶澜.教育研究方法论初探［M］.上海：上海教育出版社，1999：325.

具有全局性和渗透性。"① 科学方法在教育研究中的运用表现在对教育事实的确切认识和理论体系的逻辑建构上，涉及搜集、分析教育事实和判断信息真假的系列方法，确定假设—实验设计—结论检验等系列事实和因素间因果关系的方法，以及从经验到概念、原理、结论等构建理论体系的逻辑方法等。科学方法内部又可以分为系统科学研究方法、自然科学研究方法和社会科学研究方法，综合方法与分析方法，定性研究方法与定量研究方法等。由于教育的综合性极强，因此系统、综合、定性的研究方法是教育研究在事实研究中常用的方法。自然科学研究方法以实验、抽象分析和定量分析为基本特征，"这类方法主要适用于认识教育活动相对简单、局部和已经固化的事实。它能揭示那些参量可计算、可控程度高的教育行为中的因果关系，能较准确地描述此类教育事实"②，但"教育研究中对自然科学的应用不仅范围有限，而且方法上要做改造"③。"教育研究中科学方法的适用范围有限，就是有条件地使用，但科学的精神，不以臆想代替事实，以事实为根据做判断，遵守人类语言、理论表达、交流的一般逻辑要求，则具有普遍意义。"④ 这些观点对我们正确认识当下火热的教育实证研究不啻为一帖清醒剂。

此外，叶澜特别强调教育研究方法体系中还包括艺术的方法。通常人们要么追求教育研究的科学性，要么强调教育的艺术性，但很少有人主张教育研究也可以以艺术的方式进行。叶澜的主要依据有二：其一，教育活动主要是人与人的相互作用，其本质是外在的知识、价值观念和规范等文化转化为学习者个人的内在精神。这种转化过程发生在具体教育情境之中，师生间、生生间、群体间的多元立体互动及其效益更多需要敏锐的感受和体悟以及直觉判断与理解。对此，科学方法和哲学方法难以胜任。其二，教育研究者与作为研究对象的教育者、学习者同属人类，双方的交流沟通渗透着情境

---

① 叶澜.教育研究方法论初探［M］.上海：上海教育出版社，1999：326.
②③ 同①：329.
④ 同①：326.

氛围、个人情感与价值、刹那的心灵触动等因素，需要研究者用心去感知并与之互动。这些，也非科学方法或哲学理性可以胜任。不过，教育研究中的艺术方法并非创作艺术作品的方法，即把教育研究当作艺术品那样去创作，"而是指在研究微观层次的教育活动时，研究者把对象的具体行为与态度、具体的情境状态当作艺术作品那样去感受、体验，运用自己的成长经验和在生活中形成的直觉智慧，做出即时的判断和理解"[①]。叶澜强调教育研究中艺术方法的运用是为了突出研究中研究者个人的全身心投入和用心去"悟"，"教育研究是一种需要投入个体相关经验的研究，在我看来，这正是教育研究所蕴含的最深沉的人文精神。唯有人，才可能运用自己的生命体验与成长经验，去认识人的培育中呈现的各种状态、事件与规律"[②]。在日常生活及研究活动中，叶澜也一再提醒我们要用心感受和体悟。依笔者理解，叶澜所言的艺术方法的运用表现在以下几方面：（1）感知。"感知可以看作是人与世界联系的直接通道。作为把握世界的方式，感知的作用离不开与'身'相关的感官。"[③]教育理论研究者置身学校教育实践现场时，其身之感性直观与心之理性直观相互交融，对教育实践过程的丰富性、多样性将产生直觉式的感受。（2）体验。体验与身之感知密不可分，所谓"以身体之""切身体会"即是此理，不断反求诸己是其特征，隐含着研究者与实践者的自我反思与自我批判，同时不断将自己积累的体验投入到对教育实践的生成性过程的理解中去，在此过程中使自己的精神世界不断丰富，因为"每一个体验都是由生活的延续性中产生，并且同时与其自身生命的整体相联"[④]。就像马克斯·范梅南（Max Van Manen）所言，"教育需要转向体验世界。体验可以开启我们的理解力，恢复一种具体化的认知感"[⑤]，而由此产生的"教育学的文本应

[①][②] 叶澜.教育研究方法论初探［M］.上海：上海教育出版社，1999：330.
[③] 杨国荣.成己与成物——意义世界的生成［M］.北京：人民出版社，2010：88.
[④] 伽达默尔.真理与方法［M］.洪汉鼎，译.上海：上海译文出版社，1992：89.
[⑤] 范梅南.教学机智——教育智慧的底蕴［M］.李树英，译.北京：教育科学出版社，2001：12.

当具备一种启发灵感的品质和某种叙述的结构来激发批判性的反思和产生顿悟的可能性,从而使人在道德直觉上形成个人品质"①。这个过程也是理论者与实践者"悟"的过程。(3)想象。想象其实在教育学研究中具有长久的应用传统,如夸美纽斯(J. A. Comenius)将宇宙、自然与人的教育相关联,又如卢梭(J.-J. Rousseau)以虚构的"爱弥儿"阐述自己的教育理想等。只是随着自然科学的理性主义向教育学研究的渗透,教育学研究愈来愈具有科学化的严谨和逻辑性,想象的空间日渐萎缩。由于学校教育实践总是指向未来的生成、成长而不是现有状态的简单呈现,因此需要理论者与实践者不断设想"除了这样,还可以怎样""更好的状态会如何",从而不断扩展、延伸、打开思路并产生新的尝试方式和"转化"方案。在此意义上,想象意味着维特根斯坦(L. Wittgenstein)所说的"创造的行动"②。此外,想象不仅构成对教育实践的认识方式,而且体现于研究过程中人与人的相互理解过程。在由己而及人的推论中便蕴含着想象,即始终秉持他者立场开展设身处地的思考。(4)直觉。鲍曼(Z. Bauman)曾指出,"在绝大多数情况下,实际行动都是在行动者不太清楚或实际上不清楚行动的主观意义的状态下做出的,行动者更多地在较含糊的意义上'意识'到了它,而非'知道'他正在做什么或者清楚地意识到了它"③。这与叶澜常说的"灵感"如出一辙。在教育研究中经常会是这种状态,往往会是灵光一闪的直觉,其特点在于超越既成思维模式。逻辑思维更多涉及普遍程序、已有知识系统,相对于此直觉既基于以往的知识背景,又不受这种系统的限定。在直觉中,常规思路往往被转换或悬置,使新视野的呈现成为可能。同时,以直觉为形式,某些思维环节常常被省略或简缩,大量无关或具有干扰性质的因素被撇开或排除,思维过程

---

① 范梅南.教学机智——教育智慧的底蕴[M].李树英,译.北京:教育科学出版社,2001:13.
② 杨国荣.成己与成物——意义世界的生成[M].北京:人民出版社,2010:96.
③ 鲍曼.被围困的社会[M].郇建立,译.南京:江苏人民出版社,2005:8.

由此呈现无中介、直接性的特点，形成对相关问题、对象的整体领悟。(5)洞见。这进一步指向教育实践过程的本质规定和具有决定意义的方面，并获得认识上的内在贯通。它具有顿然、突发的特点，但同时又以长久的经验积累为基础。对于教育实践的认识与把握有时会在人的脑海中若隐若现，但就在某个时刻，在某种现象、观念或某个人的触发之下，洞见往往在顿然间形成。这种洞见与教育实践研究与变革过程中的关键事件、关键节点相联系，意味着转化及其认识水平的能级提升。

以上论述主要说明了教育研究方法的综合特征，但这"不是随意凑合，不是简单相加，而要由研究对象与目标规定。这种综合是有依据的，是以形成方法功能整体效应为目的的科学理性综合"[①]。总的来看，这种综合具有鲜明的具体性，即不是对其他学科方法原封不动地套用，而是结合教育研究对象的特征、需求进行合目的、合对象的改造，含有体现教育学立场的创造成分。"被移植到教育研究这块土壤中的任一具体方法，不再只具有原先所属研究领域的方法的类特征，还具有教育研究这一领域的方法特性，是不同于原方法的一种新方法。如教育实验法是从实验法衍生出来的。它受到心理实验法的启发，但不仅不同于物理实验法，也不同于心理实验法，是具'个性'的教育实验法。我们把此称为教育研究方法综合性在具体方法层面上的体现，是在每一种具体方法中实现的一般、特殊与个别的综合。"[②]因此，"教育研究方法体系的综合性是具体的、在多方面整体体现的，不是抽象、随意和局部的，同时并不意味着教育研究没有独特的方法"[③]。

此外，叶澜指出教育研究方法的综合性并不意味着只有掌握了全部方法才能从事和胜任教育研究。研究者要善于根据自己确定的研究问题（域）和研究目的去选择合适的方法，然后再去熟悉并掌握所选择的方法。在使用这些方法的过程中，不能简单套用，要善于根据教育研究对象的特殊性和教育

[①][②][③] 叶澜.教育研究方法论初探[M].上海：上海教育出版社，1999：331.

学学科立场对方法进行改造，否则就有可能产生削足适履的消极影响，进而丧失自己的领地和边界，成为其他学科的"殖民地"。应该说，这种提醒对于当下崇尚跨界研究、多学科研究的许多教育研究者来说具有重要意义。

（四）深度介入

多年教育学科元研究使叶澜认识到，提升教育学科的独立性是当代教育学重建的奠基工程。"我们的努力旨在使教育学不成为浅根，乃至被视为无根、无家园之学。"[①]这需要对当年赫尔巴特提出的难题[②]做出当代回答。对此，叶澜基于多年"新基础教育"研究体认到"教育学研究必须进入对构成教育活动内部的基本因素与结构是什么的确认，对其特殊性的把握，以及由要素、结构的构成与关系、功能的差异所造成的整体形态上的特征的认识。……有关教育过程内在机制与逻辑的把握，是教育学研究中最深入和最丰富也是最为艰难的研究。……不进入这个问题领域，教育学就依然没有达到教育本身作为一种特殊的人类活动之特殊性的学科意义上的认识，它的学科独立性在学科意义上的建构也没有完成，因此还是不能发挥对于教育实践不可由其他学科取代的、具有本学科指导意义的作用。要形成与此相关的学术研究的有意义的成果，不能没有对实际进行着的教育过程的深度透析。可

[①] 叶澜.回归突破："生命·实践"教育学论纲[M].上海：华东师范大学出版社，2015：97.

[②] 赫尔巴特在其代表作《普通教育学》中指出："假如教育学希望尽可能严格地保持自身的概念，并进而培植出独立的思想，从而可能成为研究范围的中心，而不再有这样的危险：像偏僻的、被占领的区域一样受到外人治理，那么情况可能要好得多。任何科学只有当其尝试用其自己的方式并与其邻近科学一样有力说明自己的方向的时候，它们之间才能产生取长补短的交流。"（赫尔巴特.普通教育学·教育学讲授纲要[M].李其龙，译.北京：人民教育出版社，1989：10）其言蕴含的问题是：什么才是教育学自己的方式？什么才是教育学自己的方向？教育学如何才能形成自己的方式和找到自己的方向？概括起来就是：什么是和如何形成教育学的独特性？教育学如何才能实现独立？叶澜把这些问题称为"赫氏难题"（叶澜.回归突破："生命·实践"教育学论纲[M].上海：华东师范大学出版社，2015：37-38）。

以说，教育内在过程的机制与逻辑的揭示，是教育学的核心构成，也是衡量教育学作为独立学科存在的理论成熟度的标准"①。她把这种深入教育实践，努力把握教育过程内在机制与逻辑的过程称为深度介入式教育研究。②这里，叶澜涉及了与上述教育研究方法不同的"教育研究方式"问题。

在实践研究中，叶澜对我国长期以来介绍、引进国外的教育研究方法持反思态度，因为中国的教育研究方法常常难以用某种或某几种西方教育研究方法来概括，或者说西方教育研究方法难以解释、说明中国教育研究的全部方法。就她本人主持的"新基础教育"研究来说，"'新基础教育'研究在研究方法上，会被一些方法研究者归到广义的'实验研究'或'行动研究'（校本研究）之中。但实际上并非如此。'新基础教育'研究很难用一种方法来概括其在研究方法上的属性。在我看来，一个长期的、整体综合性的、研究过程充满复杂变化和不确定性的研究项目，很难用某一种方法来表达其方法属性，而是需要用其研究方式上的独特来补充说明其研究特征"③。那么，什么是研究方式？叶澜指出："我采用'研究方式'一词，是指在一定的教育研究方法论思想指导下，研究主体根据研究对象的性质，对研究开展方式的整体策划与运作过程。它包括对具体研究对象的选择、研究组织方式、基本推进策略和方法的选择组合方式等。……研究方式不是抽象的方法论概括，但又不能没有方法论意识。研究方式不是仅由某一个或某一组方法构成。尤其需要说明的是：方法，主要在工具意义上对研究产生影响，它不会成为研究的决定性前提或因素。方法是人创造的，是为目的服务的，方法的规定不是绝对的，它离开了上述一切是没有现实意义的。因而，我一向不

---

① 叶澜."生命·实践"教育学引论（上）[M]//叶澜.基因.桂林：广西师范大学出版社，2009：33-34.
② 叶澜.大学专业人员在协作开展学校研究中的作用[J].中国教育学刊，2009(9)：1-7.
③ 叶澜.在现实中携手走出建设新型学校的创业之路——"新基础教育"成型性研究总报告[M]//叶澜."新基础教育"成型性研究报告集.桂林：广西师范大学出版社，2009：34.

太提倡以方法来对某一项研究做出命名。没有方法意识是不行的，但方法唯上是可怕的。即使是研究方式，与研究的实质性内容与进展相比，其重要性也是第二位的，即只要研究在实质上有进展和突破，方法、方式上的创造与否，并不是评定研究质量与价值的决定性指标。方法与方式的创造只有在非此无法解决问题时，才是必要的，我们不能为显示研究的创造性而硬去创造方法或方式。"[①]就"新基础教育"研究来说，"（它）是在中国当代现实中开展的学校转型性研究。这一研究目标的整体转型性和在理论与实践方面都期望有所进展的追求，以及现实环境的复杂多变性，研究具体对象前在条件的差异性，决定了它只能采用复杂思维的方法论。'新基础教育'研究不能用因素分析还原的方法论来设计。它要用整体综合和多层多元互动的思维方式，促使研究在过程中相互创生；它要敢于直面不确定性，在实践中根据具体情境与对象，不断调整策划策略与方法；它要以总体同步、具体差异的分阶段并存和滚动的方式，推进研究朝着期望的目标发展。显然，这与实验方法要求控制（或抵消）无关变量，使研究对象初始条件尽量同质化，并有相应的比照对象，通过实验前后或横向比较，验证实验变量的变革效应等这些最基本的规定，有着方法内在性质上的差异，故这项研究不能归入到实验研究的行列之中"[②]。

具体而言，叶澜提出的深度介入式教育研究，主要涉及教育理论与实践及教育理论研究者与教育实践者两类主体间的关系及其交互转化。

实际上，教育理论与实践的关系一直是叶澜教育研究方法论探索的核心问题。"对于教育中理论与实践关系（包括'关联'与'脱离'）的认识……以往尽管讨论多次，但缺乏的是对这一关系性质、方式和特性等方面的深入研究，远未揭示出这一关联的丰富性和复杂性，因而，认识长期停留在'一般号召'的水平上，这是教育理论脱离实践问题长期得不到解决的重

---

①② 叶澜.在现实中携手走出建设新型学校的创业之路——"新基础教育"成型性研究总报告［M］//叶澜."新基础教育"成型性研究报告集.桂林：广西师范大学出版社，2009：35.

要原因之一"[①],"理论与实践相结合的原理之所以未能在教育研究中发挥充分的作用,主要在于没有深入研究理论与实践复杂、多样的联系方式及其不同的意义价值,简单化地要求理论与实践的完全、直接相关,缺乏分解的、'每时每刻'的统一。因此,揭示理论与实践关系的全部复杂性是纠正简单化认识所必不可少的第一步"[②]。事实上,理论与实践是两个相对独立的领域,有各自的对象、任务、形式和过程,两者的分离是可能且必要的,不能要求理论一刻也不脱离实践,即时回答实践提出的每一个问题。因此,处理好两者的关系,需要回答好两个根本问题:其一是理论与实践是怎样相互作用的,其二是理论与实践是怎样相互转化的。回答第一个问题,必须先弄清理论怎样反映实践。在叶澜看来,并不是所有理论都在同样水平上反映实践,至少可以分为三种水平:第一种水平是正确描述实践本身,使实践状态转化为符号状态并以与实践者相脱离的形式存在,为进一步的理论研究提供"凝固"且"符号化"的事实依据;第二种水平是对实践的解释与说明,努力揭示实践中的因果关系;第三种水平则是对某类实践中蕴含规律的揭示和抽象,使理论呈现基本原理状态。总体上看,理论越抽象(当然是对实践的正确抽象),对实践越具有指导意义,反之,越是具体经验的描述,其可能影响的范围和影响力就越小。因为理论可能在三种水平上反映实践,所以不能用一种标准来要求理论对实践的指导作用,更不能用某一层级理论的水平来否定其他理论的价值。从时间上看,理论对实践的反映总是滞后的,越是接近实践本质的反映,越不可能与实践同步,这是由人的认识发展过程所决定的。而且由于实践的多样性,并不是所有实践都是成功的、合理的、符合规律的,因此也不能要求理论对所有实践都做出肯定性论证。

实践对理论的作用也可分为几种水平:第一种水平是例证式的,即实践

---

① 叶澜.思维在断裂处穿行——教育理论与教育实践关系的再寻找[J].中国教育学刊,2001(4):2.
② 叶澜.教育研究方法论初探[M].上海:上海教育出版社,1999:159-160.

为理论提供例证，加强理论的可靠性和说服力；第二种水平是为理论的形成和发展提供基础，实践提出重要的、迫切需要解决的新问题或提供新的事实等，成为推动理论发展的动力；第三种水平指实践起到诱发灵感和启智的作用，成为思想火花、新思路的引爆机制。人们往往关注实践对理论的前两种作用，而忽视后一种作用。

关于理论与实践的相互转化也有两个方面。在叶澜看来，理论转化为实践至少要符合两个基本条件：一是主体的一致或沟通。因为理论研究和实践活动可能由同一主体承担（即主体一致，如果这样，在这一主体身上，理论与实践是相互转化的），但多数是由教育理论研究者与教育实践者两类主体承担。如果是两类主体分别承担两类活动，理论向实践的转化则需要两类主体的沟通与合作。二是理论必须形成通向实践的中介层次。这种中介层次可能表现为制度、组织、程序、标准等，也可能是与人有关的技巧、能力要求，即理论要转化为可应用、可操作的状态，还要形成能直接作用于实践的物化工具、手段与程序等载体。这在"新基础教育"研究中有充分体现，如将"新基础教育"研究的基本理论转化为系列推进性评价标准（涉及教学设计、教学过程、教学反思、教学重建、教研组建设、教研组长与教师发展、班级建设等多方面的具体标准与要求）、学校组织机构和校本化制度体系。"一种新的教育思想，要转化为切实的教育实践，就必须转化为学校设施、结构，管理原则与组织结构，教学计划与课程，教学及其他一切学校教育的实践行为，不然，就始终只是理论，与学校实践可以不相干。"①

实践转化为理论则主要表现在：为理论发展提出新问题、提供新经验和新资源、做出新验证，需要研究主体对这些新问题、新经验、新资源、新验证做出新抽象。"形成科学理论的方法所面临的加工对象主要有三类：前一阶段科学研究中获得的科学事实；经过大量实践被证明是正确的经验；前人

---

① 叶澜.教育研究方法论初探[M].上海：上海教育出版社，1999：164.

已经建立的理论。对于前面两类的材料，加工的任务是使之上升为概括性的理论；对于最后一类的材料，加工的任务是突破原有的思维方式和理论框架，构筑新的理论。在形成新的理论过程中，这三方面的材料也可能被综合运用。"①实践中的新问题、新经验、新资源、新验证有可能分别转化为上述三种不同层次的理论，其转化过程大致要经过归纳的路线，即"从大量的、具体的、个别的事实材料出发，上升到抽象的、概括的、一般的理论性认识的过程。这是一条沿着个别—特殊——一般的方向推进的路线"②，要经过"整理事实性认识材料""对材料做出概括性结论""从特殊结论推向一般性的结论"三个阶段③，进而形成术语化的教育理论概念和体系。

上述教育理论与实践的相互作用和相互转化只有在真实的教育研究过程中才能发生，而这一过程"从本质上看是人的认识与实践的关系问题，都与作为认识主体和实践主体的人相关。在以往的讨论中，我们偏重于对理论与实践的关联状态分析，忽视的恰恰是对作为认识与实践主体的人的状态与关系研究。而正是他们在从事着教育理论研究与教育实践活动，是他们的活动方式和关系状态，决定着教育理论与实践的发展水平与关系状态。所以，我们应该把研究的重心集中到更为根本的主体身上"④。具体地说，这主要涉及教育理论研究者与教育实践者两类主体。在个体实践的意义上，可以说不存在脱离个人内在理论的实践，也不存在与个人实践无关的内在理论，即理论与实践在个体意义上是统一和相互转化的，"个人的学习实践是促使个体内在理论发展的最富能动性的实践，由此形成的个体理论也是最富促进个人实践发展能动性的理论"⑤。对于教育理论研究者来说需要"突破仅以业已形成

---

① 叶澜.教育研究及其方法[M].北京：中国科学技术出版社，1990：199.
② 同①：212.
③ 同①：218-220.
④ 叶澜.思维在断裂处穿行——教育理论与教育实践关系的再寻找[J].中国教育学刊，2001（4）：2-3.
⑤ 同④：3.

的理论为研究对象的局限……在当今中国社会处于重大转型期的时候,把研究对象的视野拓展到正在进行着变革的生动,甚至显得有些无序的社会与教育实践尤其必要"①,这种突破"具有双重价值:促进研究人员观念自我更新和形成新的问题域、发展理论的价值。这是时代的实践对研究者精神的滋养过程"②。对于教育实践者来说,则需要破除头脑中"长期存在的对理论与实践关系认识的偏差,最突出的是对个人实践中内含个人内在理论的忽视。……把个人实践的改变寄托在他人提供具体的、操作性指导上。……不知道个人实践的改变是要通过个人认识,包括个人内在理论的改造来实现的"③。叶澜认为当代中国教育理论与教育实践新型发展关系的建立,需要上述两类主体间的互补互动才能实现。

叶澜提出的深度介入式教育研究以理论者与实践者两类主体开展的合作研究为载体。她区分了三种不同的合作研究形式:"就介入程度而言,主要有主动深度式介入、应答建议式介入和旁观体验式介入三种不同方式。三种方式并无绝对的高低之分,它是由课题性质和进展过程决定的。在一项研究的过程中也未必只有一种介入方式。但在传统实证主义范式的教育研究中,往往强调的是最后一种研究方式,对理论工作者深度介入式的合作研究持保留甚至否定的态度。这主要由研究者所持的客观主义研究立场和对理论与实践关系或分裂、或难以内在沟通的假设所致。"④ "我们选择'主动深度介入式'研究,来阐述合作研究中专业人员作用的主要原因有二。一是基于自身的经验。15年的'新基础教育'本身也是主动深度介入式合作研究方式的形成和明晰化的过程。关于这一合作方式,我们有经验、有体验,有思考、有实践,故而有话要说、有话可说。二是该研究方式对专业人员在合作研

---

①② 叶澜.思维在断裂处穿行——教育理论与教育实践关系的再寻找[J].中国教育学刊,2001(4):4.

③ 同①:6.

④ 叶澜.大学专业人员在协作开展学校研究中的作用[J].中国教育学刊,2009(9):2.

究中角色与作用的要求极为丰富，极富挑战性。"① "所谓'深度合作'不仅意味着专业人员进入现场，而且要以实践变革合作者的身份参与到实践变革之中。整个研究期望的效果是：理论与实践、专业人员与实践者两个维度的交互创生与发展。没有专业人员深度介入实践，这一目标无法实现。"② "专业人员的'深度'介入，并不等于'代替'实践者。'深度'是指其对实践的介入程度、影响力达到的深度以及在变革过程中交互作用的深度。它与'代替'远非同样概念。与可能产生的误解恰恰相反，'深度'介入不是'代替'实践者，而是为了促进实践者成为智慧、自主的教育实践的创造者。"③。

总的看来，叶澜提出并践行的深度介入式教育研究具有以下几个基本特征：

其一，在方法论上实现了理论（者）与实践（者）的相互"介入"。与传统旁观式教育研究停留于"看"不同，深度介入式教育研究表现出鲜明的行动立场。叶澜在《教育研究方法论初探》中明确指出："教育研究的主体不仅研究对象，而且直接创造对象。这也是研究主体研究对象的深层次体现：主体不但不停留在'说明'对象上，也不停留在'解释'和'理解'对象上，而是进入'创造对象'的境界。"④这一过程中，不仅有理论（者）对实践（者）发展的单向介入，还有实践（者）对理论（者）发展的介入，使"介入"呈现出"交互"状态。事实上，叶澜几十年如一日，依托合作学校的研究性变革实践，与实践者一起解读学校教育的过去、现在，以"还能怎样""怎样会更好"的"未来"指向，不断共同策划、实施实践变革。同时，在这一过程中双方力求准确把握教育实践的内在事理——是什么、为什么和如何做（会更好），通过研究教育与变革教育的一体化，实现理论创生。

---

①② 叶澜.大学专业人员在协作开展学校研究中的作用［J］.中国教育学刊，2009（9）：3.
③ 同①：3-4.
④ 叶澜.教育研究方法论初探［M］.上海：上海教育出版社，1999：339.

其二，在具体实施上保证了介入的"深度"。这主要表现在理论者介入实践时的置身性、高频性、广域性、共生性四个方面，即理论者身体力行扎根于实践之中，与实践者开展高频度面对面交流（以"新基础教育"研究为例，理论者多年坚持每周1~2次赴合作学校与实践者开展听课评课等研讨活动），涉及全国东、中、西部不同区域不同层次的学校，力求全面把握中国学校教育实践的实际状态，努力实现理论（者）与实践（者）的双向滋养。叶澜回顾自己参与实践研究时说："我作为总负责人，除参与一些平时听课、指导活动外，还参加实验中小学的所有的研讨性、交流性、总结性和开放性活动，4年中至少听了100节课。在研究人员中，与小学组的指导教师比，我还是听得最少的一个。由此可见，在这一研究中，理论工作者的投入度和工作量都很大，且需坚持数年。对他们来说，这是一种真正扎入实践第一线的研究，并非到实践中做蜻蜓点水式的了解，搜集一些经验出来做理论加工。更不是坐在书斋里就能完成的。"[1]过程中，理论者"以服务和促进学校发展为己任，而不是只想让合作学校为你提供条件、资料和实验对象，使研究成为外加的、与学校发展无关的事。学校工作者只有在感受到学生、班级、成绩、学校，包括自己在内都有发展和进步时，感受到研究人员与他们是'一条心'时，才会出现真诚和有效的合作"[2]。

其三，两类主体共同合作，开展研究性变革实践。"研究性变革实践与以往学校日常进行着的教育实践相比，其最主要的特点表现在以下四个方面。第一，研究性变革实践是内含变革理论的实践。这是从实践内含变化的角度看研究性变革实践的特质。'新基础教育'研究要求教师在参与学校研究性变革实践中，不仅要行动，而且要努力学习相关理论，理解与领悟这些理论，认识它与传统的、已经成为自己头脑中的个人理论的差异乃至冲突，

---

[1] 叶澜，李政涛，等."新基础教育"研究史[M].北京：教育科学出版社，2010：8.
[2] 叶澜.我与"新基础教育"——思想笔记式的十年研究回望[M]//丁钢.中国教育：研究与评论：第7辑.北京：教育科学出版社，2004：13.

从而产生改变自己头脑中的观念和外在行为的需求、愿望与行动，逐渐使自己成为自觉的、有新理念作指导的、自主的变革实践者。……当学习理论和在实践中琢磨理论成为一种自觉的需要，并能在实践的过程中实现创造时，教师也就几近完成了从'操作工'向'思考—行动者'的独立专业人员的转化。第二，研究性变革实践是教师超越自己经验的、具有更新指向的实践。这是从功能角度看研究性变革实践的特质。……这种更新指向是在教师实践前就明晰的，即教师要在明白改变实践中的什么后开始行动，而不是在行动之后反思时才发现还有什么要改变；是要求教学设计中就体现更新要求的，即把对变革问题的理论分析、改变的要求，从认识到实践形态的转化首先落实到教学设计中，继而体现在实践过程中。正因为有了这样的指向和过程的变革，研究性变革实践就具有超越、改变教师经验和整体提升教师发展水平的内在力量。第三，研究性变革实践是创生性实践，它指向教师实践中变革成败原因的分析，且要求在此基础上进行重建。这是该实践的特质在效果上的显示。实践后的反思及重建的设想与再实践，是研究性变革实践促成教师在实践中最终达成新的观念与行为统一，新的实践能力、素养和习惯的全面养成的重要一环。……第四，研究性变革实践是将研究的态度、意向和内容贯穿到实践全过程和多方面的实践。这是从整体和过程的角度对该实践的研究性特质的表达。"[①]

其四，促进了理论者与实践者两类主体角色的多重转换与转化。在旁观式教育研究中，理论者是理论的创立者与阐释者、实践的审视者与批判者、实践者的启蒙者与指导者、研究资料的采集者，实践者则是理论的接受者与消费者、实践原生态的呈现者、理论者的受访者、研究资料的贡献者，双方泾渭分明，两类主体呈现"我—他"关系。在深度介入式教育研究中，两类主体的角色与关系发生根本变化：理论者是理论的先行提出者、实践变革的

[①] 叶澜.大学专业人员在协作开展学校研究中的作用[J].中国教育学刊，2009（9）：5-6.

深度参与者、研究资料的共同开发者,成为具有实践底蕴和解读能力的实践型理论者;实践者成为理论发展的合作者和贡献者、实践变革的持续创生者、研究资料的共同利用者,成为具有理论品位和研究习惯的理论型实践者。双方是致力于理论与实践双向建构、共生共长的合作者,在"理论适度先行—实践变革尝试—理论再度完善卷入—实践重建更新……"的循环中形成平等的"我—你"关系。在两类主体角色的转换与转化过程中,理论与实践实现互动转化:理论者基于深度介入,以实践为基础,通过实践检验自己的理论,在与实践者的沟通与交流及对变革的亲身参与中吸取实践者的新创造、新经验、新智慧,获得理论发展的新灵感,做到理论构建与实践变革的内在统一;实践者的实践变革不再基于个体经验,而是"理论适度先行",在研究性变革实践中以理论为参照系逐步实现个体内在观念、外部行为的新变化,将理论转化到教育实践的不同领域与层次中。"在这里,两种不同的活动——研究与实践在各自保持自身特质的同时,融入了一个特殊的'研究—实践共同体'。理论从中创生,创生中的理论不断地汇入生成着的实践;实践在理论的渗入下又不断调整。……由此,展现出教育理论与实践之间持续不断地循环互动、相互建构、互动生成的关系图景。"①

其五,在学科界限上坚守教育学的学科立场。深度介入式教育研究以当代教育学的重建和创生为己任,因此要努力做到以下三点:(1)处理好教育整体与局部的关系。"新基础教育"研究从班级与学校两大层次开展学校管理、学科教学、班级建设三大领域的改革,追求学校整体转型,以整体视野观照学校局部发展,又以局部创新带动学校整体改革。这样有利于获得新时代背景下学校教育活动本身的价值与功能、要素与结构、形态与过程等,以及学校教育在整体上与社会之间的互动性质与方式、路径等方面的系统认识,从而为当代教育学的重建奠定基础。因为"只要作为内在整体的教育活

---

① 孙元涛.教育理论与实践关系新论[M]//叶澜.立场.桂林:广西师范大学出版社,2008:116.

动还存在，以此作为对象的内在整体式的教育学就有存在的需要。没有哪一个内生分支学科的研究，哪怕是它们的总和（也没有任何一个外生交叉学科，哪怕是它们的总和）所形成的有关教育的认识，可以代替教育研究主体对教育整体的把握。作为教育活动内在整体的研究，其目的是：形成当代教育学……；体现当代教育主体有关教育整体的新认识，形成有助于内生分支学科和内生应用学科发展的教育学；形成新的作为认识教育是什么、为什么、应如何和怎样展开等问题的基础理论性的认识，使整体与分支、理论与应用形成更为有效且具有相互促进、建构价值的当代教育学科新的关系形态和发展局面"[1]。（2）以教育学为中心点，处理好教育学与其他学科的关系。理论者对教育实践进行深度介入，会同时面临不同学科视角的解读和主张，在这一过程中始终坚持教育学的眼光和理论参照系，明确教育学与其他学科的差异，必要时对其他学科的资源进行吸收转化。例如，面对班级中的学生差异，社会学关注学生的结构与分层及其对学生社会化的影响，心理学关注不同层次与类型学生尤其是问题学生或少数特殊学生的心理状态与问题，管理学关注班级组织与文化；教育学则需要在上述关注基础上，强调学生间的类型与层次差异也是具有育人价值的教育资源，努力在课堂教学和课外活动中利用学生间的差异开展互动，以促进不同学生的发展，同时在具体个人层面深入分析不同学生的前在状态（作为起点的知识与经验基础）、潜在状态（最近发展区范围内的提升点）、困难障碍及应对策略等。（3）强调成事与成人间的融通。教育学说到底是研究人之生命成长的专门学问，因而理论者的深度介入会特别关注教育实践场域中诸"事"育人价值的深度开发及其促人成人之内在事理的挖掘；同时也会以成人的眼光来开展诸"事"的策划、设计、实施、评估和调整，使"事"具有成人的内涵与品位。

其六，在方法运用上实现多种方法的具体综合。这一点在上文讨论教育

---

[1] 叶澜.当代中国教育学研究"学科立场"的寻问与探究[M]//叶澜.立场.桂林：广西师范大学出版社，2008：23.

研究方法时已有阐述，在此不再赘述。

总的来看，深度介入式教育研究为把握教育实践活动的内在机制与逻辑创造了可能，从而为解决教育学的"赫氏难题"提供了新可能。但其运用受多种因素影响，如理论者的兴趣与介入实践能力、学院化生存方式的体制束缚、两类主体在合作研究中所受的种种干扰等等。这些因素有些可控（如主体自身因素），有些不可控（如管理体制）。因此，叶澜在开展实践研究时，一直强调："诚心""正意"，真诚投入其中；既要入乎其内，还要出乎其外；面对实践（者）既有理性的"他者之眼"，还能在客体位置上"反观自照"；既对自身优势与不足、价值与伦理保持自觉和自知之明，又对实践（者）的介入当仁不让；既要准确把握介入的限度，又要主动开展沟通合作；既能对变革审时度势，判断发展趋势与方向，又能推波助澜，发展积极因素，减少消极因素；既能在变革中因"势"而行、顺"势"而为、因"势"利导甚至乘"势"而进，又能借助深度介入，努力在不确定的教育实践中把握具有确定性的内在逻辑与结构，学会以长时段和"类"的眼光，发现流变教育现象中蕴含的共性规律与基本特征。

（五）以身立学

主体是理解叶澜教育思想的重要切入点。她一直坚信主体的力量、主体的能动性与创造性在成事成人中的作用。她早期发表的代表性学术论文《论影响人发展的诸因素及其与发展主体的动态关系》[①]和做的第一个课题"基础教育与学生自我教育能力发展"，都深入揭示了主体实践、自我意识及自我教育能力在自身发展中的关键作用。她坚信：每个人都只能自己"活"，不能由别人"代活"；每个人从出生到死亡的全部历程都得自己走，不能由

---

① 叶澜. 论影响人发展的诸因素及其与发展主体的动态关系[J]. 中国社会科学，1986（3）：83-98.

别人代走；人怎样生活，就会成为怎样的人。① 这种主体思想很自然地转化成为她的教育研究思想。叶澜作为一名教育学人，她对教育学研究和教育学学科重建怀有深沉的责任感和使命感。如在面对"赫氏难题"时，她说："在我看来，'赫尔巴特难题'应成为此后任何时代、任何国家的教育学者不可无视的问题，不可推卸的求解责任。教育学如果不可能作为一门独立学科存在，教育学者凭什么可以如此自称或被他人所称？……今天，我们既需要直面各种观点，更需要进一步地思考难题之难解的原因何在。"② 对当代中国的教育学研究，她发出呼吁："一个偌大的中国，一个拥有最多教育人口的中国，一个进入了21世纪的中国，不能没有原创的教育理论"③，为此，"作为教育研究人员的我们，可以也应该从增强中国教育研究的原创性做起，在新的世纪里，把我们的心与中国的教育大地贴得更近，为中国的教育理论与教育事业能屹立于世界民族之林而多做努力"④。因此，长期以来"以身立学"成为她开展教育研究的基本原则，作为方法论渗透在教育理论研究与教育实践变革的方方面面，也成为"生命·实践"教育学派建设的基本要求。这种身体力行的思想，对于教育学人来说不仅仅是一种示范，更具有方法论意义。

其一，反思以"晰"教育学。教育学因其晚熟性，与其他成熟的学科相较，其独立性甚至学科尊严长期备受争议。对各种观点，叶澜一再强调要自己认真去看、用心去想，彻底搞清楚对方到底想什么、说什么、做什么，然后做出自己的判断，不要人云亦云、随波逐流。"'完全彻底地弄清楚你所谈论的东西是最重要的'，怀特海的这个判断强调了两方面：一是要'完全

---

① 叶澜.把个体精神生命发展的主动权还给学生[M]//郝克明.面向21世纪我的教育观·综合卷.广州：广东教育出版社，1999：331-332.
② 叶澜.回归突破："生命·实践"教育学论纲[M].上海：华东师范大学出版社，2015：37-38.
③④ 叶澜.世纪初中国教育理论发展的断想[J].华东师范大学学报（教育科学版），2001（1）：6.

彻底地弄清楚'，而不是自己也搞不清、道不明。二是'你所谈论的东西'，这个东西也许别人也在谈论，但你和他谈论的不是同一个方面，哪怕说的是同一个词。……你可以有与别人相同之处，但重要的是，必须彻底地弄清楚自己所谈论的是什么。这表明概念的确定是研究主体根据'对象'建构的结果。"① 她这样说，也这样做。例如，她对古代、近代、现代及当代不同时期学科观的代表人物亚里士多德（Aristotle）、培根（F. Bacon）、狄尔泰、皮亚杰（J. Piaget）、华勒斯坦（I. Wallerstein）等人的观点进行详细梳理剖析②，"通过'学科观'在人类认识发展不同历史阶段内涵的丰富与变异、积淀与消解之辨析，寻找出'学科观'的原初问题、不断重新回答的基础性问题和当代新问题的构成变化。在此基础上，对近代以来形成的经典学科观，做出有依据的剖析，阐明当代学科观的发展与重建，以及新的学科观对于认识教育学学科性质的意义"③。针对支配中国学人一个多世纪的西方学科观，"我认为，不破此'观'，我们将作茧自缚，或自轻自贱；不立新'观'，我们将混沌一片，或自娱自乐。对于教育学的学科发展而言，此破此立，尤为重要"④。在此基础上，她指出教育学是一门"复杂综合性学科"⑤，"我们至少可以得出一个新的结论：今后，学科分类可增加一个两分标准：经典常规学科和新兴复杂学科。两类学科并无高低之分，只存在方法论意义上的区别。两类学科都拥有发展的潜能，在一定程度和条件下会出现沟通与互补，而非绝对两分，更不是完全对立。教育学在新兴复杂学科群中，会有自己的广阔天地"⑥。

---

① 叶澜. 回归突破："生命·实践"教育学论纲[M]. 上海：华东师范大学出版社，2015：143-144.
② 同①：39-96.
③ 同①：39.
④ 同①：40.
⑤ 同①：157.
⑥ 同①：96.

对于教育学学科独立性的多种争论，如国内外的各种"外学科介入无边界说"（教育学是一个研究领域，哪一个学科都可进入讨论）、"内分裂替代说"（教育学过时了，应该用课程论来代替）、"脱离说"（一些学科不属于教育学，而应独立成为"一级学科"，如高等教育学）、"保守说"（在加强学科交叉与综合的今天，强调教育学的独立是一种不合时代的保守观念）、"不合格终结论"等，叶澜分别进行了追根溯源，对其渊源、合理之处与不合理之处、贡献与问题等进行了分析。① 即使是对杜威（J. Dewey）这样的权威，她也对其观点条分缕析，指出其存在的局限性，强调"我并不认同杜威的结论，但深感他对当时美国教育研究状态批判的深刻性。更令我惊讶的是，杜威文中所批判的种种观点，在过了八十五年后的当今中国教育学界依然广有市场，还将能否提供学校教育改进'模式'、促其'有效'、是否'定量'等，作为衡量教育理论是否有价值的、不可或缺的首要的标准，作为教育学缺乏科学理论或应该终结的依据，不免引出无限感慨"②。在叶澜看来，"杜威对他作为比喻的建筑学的理解是片面的……杜威尚未区分作为支撑一个学科形成的、来自他学科的'理论基础'，与任何学科，哪怕是应用性学科也需要的'基础理论'。正因为这种无区分，杜威得出：教育学只有借助其他学科理论，而无须去建设本学科的'基础理论'，进而导出了'教育学无自身内容'的结论。也许，正是这样大师级人物言论的导向和传播，使不少人放弃了对教育学自身'基础理论'的思考，只期待着心理学、社会学等早早成熟；也增强了这些支撑性学科对教育学的傲慢"③。

叶澜不仅对一些"非"教育学的观点引发的混乱进行反思、再思，更对一些研究者的价值观提出批判。在《人生杂感四则》这篇小文中她说，教育

---

① 叶澜. 回归突破："生命·实践"教育学论纲［M］. 上海：华东师范大学出版社，2015：97-118.

② 同①：103.

③ 同①：117-118.

学这片"公共绿地","留满了各色专家的脚印,各级官员的脚印,还有各行各业的唾沫。它学会了承受,却丢失了筋骨。这样的园地能长好草吗?但我更多的是自问自责:为什么教育的圈内人士无力筑起护绿的'篱笆'?为什么有些圈内人中多了一些杂色人物?他们本不为护绿而来,只是因此地无篱笆最易进入而来。进入只是为了获取,并非想做什么付出……他们心中何时有过小草?忙自己的事都来不及呢。所以,不必怪他人,强健自己才是本"①。

其二,清思以"立"教育学。当代教育学的发展,一方面需要对各种"非"教育学的观点有清醒的认识,另一方面需要重建教育学的边界与尊严。对此,"教育学不要'自作多情',或想着'借光''撑市面'。'光'是借不到的,'市面'也是撑不起的"②,"今日之教育学不存在开放不够、缺乏分化的问题。真正的问题是……教育学作为学科的边界太过宽泛,甚至有人视之为'领域',故而缺乏内立场的、对教育领域整体式的教育学研究,缺乏教育学基本概念与理论的深度研究和基础共识,继续把其他相关学科的理论直接作为教育学的理论"③。因此,叶澜明确提出了教育学的学科立场问题,将其界定为"由学科研究主体确立的,观察、认识、阐明与该学科建构和发展相关的一系列前提性问题的基本立足点。……只要有学科存在,学科立场就必然存在,因此,学科立场的提问方式不是'有'或'无',而是'什么''怎样''为何''如何'等"④。"在当代中国,教育学如果要走出生存困境,完成转型性再生是一条可行之路。为此,需要重新思考有关教育学学科立场内含的一系列前提性问题,形成新的'答案'。……我们可以这样

---

① 见《叶澜自选文集》,内部资料。
② 叶澜.回归突破:"生命·实践"教育学论纲[M].上海:华东师范大学出版社,2015:128.
③ 同②:129.
④ 叶澜.当代中国教育学研究"学科立场"的寻问与探究[M]//叶澜.立场.桂林:广西师范大学出版社,2008:4.

说，只要作为内在整体的教育活动还存在，以此作为对象的内在整体式的教育学就有存在的需要。没有哪一个内生分支学科的研究，哪怕是它们的总和（也没有任何一个外生交叉学科，哪怕是它们的总和）所形成的有关教育的认识，可以代替教育研究主体对教育整体的把握。作为教育活动内在整体的研究，其目的是：形成当代教育学，而不是恢复以往只有大一统教育学的局面，削弱或限制分支学科；体现当代教育主体有关教育整体的新认识，形成有助于内生分支学科和内生应用学科发展的教育学；形成新的作为认识教育是什么、为什么、应如何和怎样展开等问题的基础理论性的认识，使整体与分支、理论与应用形成更为有效且具有相互促进、建构价值的当代教育学科新的关系形态和发展局面"[①]。在这一意义上，叶澜重建教育研究对象、教育研究性质、教育学科性质、教育研究方法与方法论等都是为了重建当代教育学，将其作为一个独立而独特的学科"立"起来，并以教育学学科立场为基础构建了全新的教育学学科群。

其三，再思以"建"自信与自觉。一直以来，叶澜均强调研究主体与学术研究、学科建设之间的关系，重视研究者与学术研究、学科建设之间的相互建构。如果说强调教育学的学科立场是为了"立"教育学的学科自信和学科自觉，对于中国教育学人来说还要"立"中国教育学的学科自信与自觉。"提升当代中国教育学独立性，是教育学在21世纪的中国能否发展的奠基性任务，是中国教育学者要承担此重任须确立的自信。否则，我们将举步维艰。"[②]这是当代中国社会多重转型的迫切需要，也是当代中国教育改革实践的需要。"我们确实碰上了千年难逢的大机遇……我们身在其中，除了要看清与变革相关的一切，还须要看清自己，看清已有的教育学……我们需要回溯教育的本源，深入到改革的实践之中，在参与改变当代中国教育的实

[①] 叶澜.当代中国教育学研究"学科立场"的寻问与探究[M]//叶澜.立场.桂林：广西师范大学出版社，2008：23.

[②] 叶澜.回归突破："生命·实践"教育学论纲[M].上海：华东师范大学出版社，2015：119.

践中，体验、认清教育内在的关系与逻辑；在各种观念的碰撞、现实成就与问题等实存现象的拷问下，深化对一系列教育命题的思考，乃至重新认识……在一个变化激烈的时代，人的观念和行为自我更新到什么程度，某一领域（包括学科在内）的变革与发展方能达到什么程度。这就是我们所言的'学术自觉'的重要构成。"① 基于这样的自信与自觉，她旗帜鲜明地提出"生命·实践"教育学派的建设，"我们决心用自己的行动证明：在教育学的当代重建中，教育学人的发展，包括信心、勇气、智慧及其对教育改革的投入，是谁也不能代替的重要力量。也许，我们追求和形成的认识，离达到业内、社会共识还有相当距离。但如果不从形成'自我'开始，不坚持走出自己的路，那就无资格谈论参与建设、走向共识"②。

其四，立身以立学。叶澜在研究中非常关注价值取向，强调人有人品，学有学品，人品与学品内在关联、双向滋养，对研究中的各种歪风邪气坚决抵制，做学问应有自己的坚守和保持知识分子的风骨与气节；而且她亦强调对研究、改革的主动担当精神，"成事成人"是学派建设的核心价值，在成事中成人，以成人促成事。"我们坚持在学派建设中，每个参与者都……发表自己的（并非我和团队群体都认同的）观点，发出自己的声音，对自己的认识负责……任何一个学派的内部不可能也不应该只有一种声音。但各种声音都应围绕学派建设的共同任务，不能让懈怠浮躁、耍小聪明成气候，败坏学风。自然，每个参与者，包括本人在内，在自我成长的过程中，都会不同程度地存在学术或学风的不同缺陷与问题，我们期望通过合作相互提醒补充，通过自我超越实现发展。我希望用每位参与者自己的学术行为与人格，而不只是用文章来显现'生命·实践'教育学的品性。只有这样，这个学派和参与学派建设的人才会有生命活力，才会有真实的成长。"③

---

① 叶澜.回归突破："生命·实践"教育学论纲[M].上海：华东师范大学出版社，2015：126.
② 同①：143.
③ 同①：23-24.

三、教育研究方法论思想的主要贡献

叶澜从20世纪80年代开始教育研究方法论的探索，至今已延续四十余年。这在我国教育学者中甚为少见。经过多年积淀和检验，叶澜的教育研究方法论思想形成了鲜明的特征，是教育学科元研究的重要成果，对其他学科方法论研究亦有参照意义。

（一）建构了教育研究的方法论系统

20世纪90年代，叶澜的专著《教育研究方法论初探》出版。该书提出了教育研究方法论的构成、任务与价值，明确了教育研究方法论探究的起点与基础，细致分析了教育研究方法论在研究对象、研究性质、方法体系、研究方式等方面的特殊性，进一步揭示了"系统复杂性对于教育研究的方法论价值"和"全面认识理论与实践交互生成的方法论价值"。该书回答了教育研究方法论"是什么""为什么""如何做"等问题，建构了教育研究方法论的完整体系。

（二）回答了教育研究的系列问题

叶澜长期致力于促进教育学的学科独立和明晰教育学的学科独特性，而要完成这一学科使命就必须面对关于教育学学科和中国教育学学科发展的诸多问题，如关于教育学学科独立性的"赫氏难题"，教育理论与实践的关系问题，事关中国教育学发展命运的"世纪问题"（政治、意识形态与学科发展的关系问题，教育学发展的"中外关系"问题，教育学的学科性质问题），教育学与其他学科的关系问题，教育学的学科立场问题……。其中的任何一个问题都能让专业教育学研究者头疼不已，无可奈何。对此，叶澜没有退避，而是主动去研究这些问题。通过四十余年的努力，叶澜对这些彼此关联的有关学科重建的关键问题做出了清晰、有力的回答，为他人开展研究

奠定了重要的基础。

（三）提供了教育研究的方法论路径

叶澜的教育研究方法论不仅是一种理论探索和理论体系，而且是基于其自身的研究实践为我们提供的开展教育研究的基本经验。（1）指向复杂的思维方式转换。这是由教育研究对象的复杂性所决定的。如果以简单的、分析的、形而上学的、非此即彼的思维方式开展研究，就不可能真正对教育复杂的整体式关系形成突破性认识，因此要转变思维方式，学会用复杂思维认识复杂事物。[1]具体而言，这些思维有整体综合思维、立体结构思维、动态生成思维、交互转化思维等等。（2）回到原点的理论反思与重构。教育研究因为关涉中西并与诸多学科纠缠在一起，许多理论问题及其观点常常混淆不清，给研究者造成极大困惑。叶澜的处理方式是猛扎下去，回到问题的源头和原点，努力搞清来龙去脉，在过程中对诸多观点（包括著名人物的观点）进行批判、反思与重构，最后基于教育学的学科立场做出适合教育研究实际的回答。以教育学的学科独立性问题为例，她说："赫尔巴特确实提出了一个难题。今天我们既需要直面各种观点，又需要进一步思考难题之难解的原因何在：是赫尔巴特难题只是一个假问题，他所期望的目标本身就不合理，还是教育学研究对象的复杂性使其至今难以形成独立形态？是人类学科整体发展水平还不足以支撑作为独立学科的教育学之存在或成熟，还是'学科'这个古老而又当代依然存在的概念，其内涵在很长历史中，发生了许多变化，而我们却浑然不觉，或知之不详，依然用一把尺子量着一切学科？"[2]为了彻底搞清这些问题，她回到亚里士多德处去探寻古典学科观的内涵，然后又以培根为核心分析近代学科观的转变，之后聚焦狄尔泰、杜威、皮亚杰

---

[1] 叶澜.世纪初中国教育理论发展的断想[J].华东师范大学学报（教育科学版），2001（1）：1-6.

[2] 叶澜.回归突破："生命·实践"教育学论纲[M].上海：华东师范大学出版社，2015：38.

等代表人物探讨当代学科观的更新，揭示出当下复杂学科群的兴起，得出了教育学是这一新兴复杂学科群的一员且有广阔发展前途的结论。(3) 理论与实践的交互生成。教育研究的"上天"与"入地"是叶澜教育研究的志向，她一直以读懂教育的"有字书"和"无字书"为己任，强调"我们要有思想地行动，在行动中生成思想。……用真实的教育研究和现实，改变、拓展、完善我们的生存空间。……创造一种师生和自己新的专业生命质量、新的'活法'"[①]。实际上，她在"上天"与"入地"的穿行和"有字书"与"无字书"的转化中，走出了一条教育理论与实践交互生成之路，开创了深度介入式教育研究的新方式和新传统。

---

① 叶澜.大中小学合作研究中绕不过的真问题——理论与实践多重关系的体验与再认识[J].教育发展研究，2014(20)：5.

第三章　教育实践变革思想的概念生成

> 如果我们用复杂的眼光去认识这个变革的过程，那么存在着多重矛盾，有幻想，有危机，有进有退，有积极因素，也有消极甚至破坏因素，有高潮与低潮，都不值得大惊小怪了。从容地面对现实，执着地追求理想，踏实地进入实践，智慧地解决问题；不断地提升自觉，努力地回馈社会：这是"新基础教育"研究对我的最大帮助和提升。
>
> ——叶澜

叶澜不仅是教育学家，还是著名的基础教育改革家。她从1991年开始对学校教育进行"介入式"研究，在上海市普陀区洵阳路小学开展"基础教育与学生自我教育能力发展"课题研究，尝试"用实地研究的方式，去检验自己提出的一种理论的合理性和可行性，去研究一种理论如何实现向实践形态的转化，以及去认识、体验转化过程研究的问题和复杂性"①。之后作为延续，于1994年又开始"新基础教育"研究，历经探索性阶段（1994—1999年）、发展性阶段（1999—2004年）、成型性阶段（2004—2009年）、扎根性阶段（2009—2012年）、生态式推进阶段（2012年至今），走

---

① 叶澜. 我与"新基础教育"：思想笔记式的十年研究回望［M］//丁钢. 中国教育：研究与评论：第7辑. 北京：教育科学出版社，2004：8-9.

出了一条在当代中国社会转型背景下的学校转型性变革之路。在多年深度参与教育改革过程中,叶澜坚持与广大中小学校长、教师面对面交流,努力推进理论研究与实践智慧的交互生成,形成了基于中国本土基础教育改革的系统教育改革理论。梳理她的教育改革思想及理论,尤其是相关核心概念的生成过程与内涵,对于基础教育改革的深化具有重要意义。

一、教育实践变革思想的框架与发展历程

(一)教育实践变革思想的框架

叶澜一直倡导和践行教育理论研究与教育实践变革的互动生成和双向建构。因此,聚焦于教育实践变革,她一方面用"理论之眼"透视教育实践变革的方方面面,形成分析和推进教育实践变革的理论参照系,另一方面以"实践之行"扎根于真实、复杂的教育实践变革现场,在与广大中小学校长、教师面对面的观察与交流中体悟、吸收和积淀教育实践变革的实践智慧。具体而言,其教育实践变革思想的框架如图3-1所示。

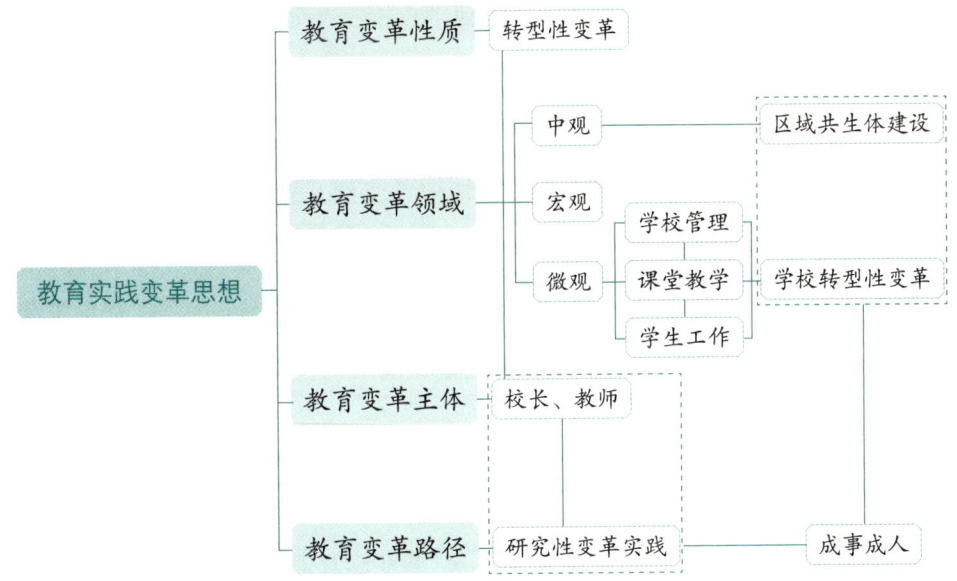

图3-1 教育实践变革思想的框架

（二）教育实践变革思想的发展历程

"一个人做出或说出一个决定，其'表现时'常常为一瞬间，但一个决定的缘起、形成却往往有一个时段的积蓄和酝酿。"① 叶澜开启"新基础教育"研究与她的理论研究积淀有关，"它的最早缘起是理论，没有提出课题前10多年的理论积累和自己对教育问题的独立思考，我不可能做'新基础教育'研究"②。这里提及的"理论积累"是她对教育与个体发展关系的研究。1986年，叶澜发表《论影响人发展的诸因素及其与发展主体的动态关系》一文，从理论与方法论两个维度重建影响人身心发展的"因素论"，把发展主体的实践活动作为使个体发展可能转化为发展现实的关键因素。1991年，在《教育概论》这一著作中，她进一步完善，提出"二层次三因素论"，"教育的目标应符合社会发展的总方向，立足于人类社会发展的当代水平以及所在国家的现有发展水平"，"学校应精心设计有利于主体发展的各种活动，使受教育者通过活动实现发展"，学校教育"应把培养受教育者的自我教育与自我控制能力以及识别、控制、利用环境的能力作为根本性任务，并贯彻到教育的一切阶段和一切活动中去"。③ 基于这一理论认识，叶澜迈出了学术生涯中的重要一步，即到学校中去推动实践改革，进一步验证自己的理论，开始从"知"到"行"或理论与实践相互转化的初步尝试。1991年，在上海市普陀区洵阳路小学，她开展了"基础教育与学生自我教育能力发展"课题研究。"研究使我真切地感受到儿童发展的巨大潜力，自此，不再相信学校教育质量的生源决定论。同时也认识到，在学校里儿童的潜力能否变成现实的发展，首先与教师能否在各种活动中，为学生提供主动发展的空间直接相关。人，才是学校变革和发展的决定因素。"④ "研究使我

---

① 叶澜，李政涛，等."新基础教育"研究史［M］.北京：教育科学出版社，2010：144.
② 同①：145.
③ 叶澜.教育概论［M］.北京：人民教育出版社，1991：237-238.
④ 同①：147.

真切地感受到理论的力量，它在变革实践中的不可或缺性。变革越深入到教育的根本问题，越不拘泥于方法层面，就越需要理论。这项研究让我获得了理论如何向实践转化的经验，并在对教育理论与教育实践的关系认识上，开始有了新的发现与体验。"①"这项研究，使我们在提出'新基础教育'探索性研究时，不仅有了理论的基础，也有了实践的底气。"②因此，叶澜一直强调"新基础教育"研究的突出特征是"理论适度先行"，以理论引领实践变革。

同时，叶澜开展"新基础教育"研究与她对时代变化、时代精神的敏感有关。在她看来，教育学是一门"时代学"，"唯有投入到一个新的时代，才能打破过去时代的局限"③。"新基础教育"研究就是叶澜对这个时代的时代精神解读后的主动回应，"研究的目的已不是检验自己的理论，而是回答世纪之交中国教育面临的重要而严峻的时代挑战。我企望通过这项研究，对教育学基本原理和当代中国基础教育的学校改革，形成重建式的、富有原创性的答案"④。20世纪90年代中期，她对"文革"后的国家改革政策文件认真了解后，欣喜地感到："处在市场经济初建阶段的我国教育，虽然面临着经济大潮的冲击并受到前所未遇的许多新问题的困扰，但这大潮能孕育出新的生命，这困扰会锻炼出新的勇士，只要我们善于驾驭，时代之潮会把我国的教育推向一个新的、无限广阔的天地。"⑤这种认识激发了叶澜作为教育理论研究者的历史责任感："不再满足于抽象地、在一般意义上谈论教育与社会、人的关系，谈论教育目标等理论，而是想要具体地、深入地认识当今中国正在发生，并还将持续几十年的社会重大转型与教育变革的深刻内在关系。这

---

① 叶澜，李政涛，等."新基础教育"研究史［M］.北京：教育科学出版社，2010：150.
②④ 同①：152.
③ 叶澜.世纪初中国教育理论发展的断想［J］.华东师范大学学报（教育科学版），2001（1）：3.
⑤ 叶澜.时代精神与新教育理想的构建——关于我国基础教育改革的跨世纪思考［J］.教育研究，1994（10）：4.

种认识只有在直面变革现实、研究变革现实、身试变革现实、创造变革现实的变革实践中才能真切体悟，才能与时代的变化发展、实践研究的深入一起创生。"①

此外，"新基础教育"研究还是叶澜主动参与当代中国基础教育改革的一种努力。20世纪80年代以来，我国持续推进基础教育改革，大致经历了三个阶段：以教育体制改革为中心的宏观改革（以1985年出台的《中共中央关于教育体制改革的决定》为标志），以面向21世纪积极推进素质教育为中心的教育改革（以1997年颁布的《关于目前积极推进中小学实施素质教育的若干意见》为标志），以提高质量、均衡发展和制度系统创新为重点的教育改革（以2004年出台的《2003—2007年教育振兴行动计划》为标志）。在20世纪90年代中期，我国基础教育改革正处于应试教育向素质教育转向的推进时期，但当时"现实中的教育改革就整体而言，重心还在做结构调整……解决穷国办大教育的尖锐矛盾。一线的校长力气也花在开辟经济来源，改善学校设施与教师经济待遇等燃眉之急的事项上。……学校内部的教育、教学改革尚缺乏真正的研究，甚至还没有引起普遍关注"②。对此，叶澜认为："教育改革尽管在宏观层面还有许多事情要做，但学校内部的改革不可能等外部条件具备了才开始。事情也许可以等，但每一个孩子的生命无法等待……尽管学校改革的外部环境有不少问题，但学校内部还是具有须改革和可改革的空间；学校的改革只能由承担学校工作的校长、教师自己来做。教育改革只有进入到学校内部，才可能对学生发展产生真实的影响，才可能进入到培养理想新人的实践之中。"③即使当时自上而下大力推行素质教育改革，但是中小学因为担心这一改革影响考试成绩和升学率并未真正予以落实，普遍存在"素质教育轰轰烈烈，应试教育扎扎实实"的现实，"把素质教育在学校实践中的落实，都看成主要是让学生开展多种多样的活动，增

---

① 叶澜，李政涛，等."新基础教育"研究史[M].北京：教育科学出版社，2010：158.
②③ 同①：161.

加学校教育中学生活动的分量"①。基于这一认识,"新基础教育"研究直面难题,决定把"教学改革的学科,确定在无论是哪一类的升学考试都必考的语文、数学、外语这三门主修课上,想走出一条在不否定和不回避升学考试的前提下,改变学校教师传统教育观念和教育行为的教学改革之路。不再简单地做加减法,不把学生的主动发展、全面素质的提高与考试成绩对立起来"②。同步还推进班级建设,丰富提高学生日常校园生活与班级生活质量;推进学校管理变革,改变学校运行方式和教师的生存状态,促进学校整体变革。

总的来看,"新基础教育"研究是叶澜团队在当代中国社会转型背景下开展的长期、综合、整体的教育改革项目,具有几个方面的鲜明特征:(1)以中小学为基本单位;(2)推动学校的"整体"而非"局部"或"领域"变革,即在学校和班级两大层次开展学校管理、学科教学、班级建设三大领域的综合改革;(3)变革性质为"转型"和"重建"而非"完善";(4)变革的基本原则是教育理论与实践的交互转化和双向建构。经过多年的持续发展、积累,"新基础教育"研究形成了"成事成人"的核心价值观和"知难而上,执着追求;滴水穿石,持之以恒;团队奋斗,共同创业;实践反思,自我更新"的精神,走出了当代中国社会转型背景下学校整体转型变革的道路,积淀了基础教育改革的系统经验和富有中国特色的基础教育改革系统理论。

二、教育实践变革思想的概念生成

"新基础教育"研究作为原创性基础教育改革实验,在推进过程中没有以推倒式重建的方式另起炉灶(否定现有教材体系,另编新教材或开发新的课程体系),而是基于学校学科教学与管理现状开展转型性变革。因此,

---

① 叶澜,李政涛,等."新基础教育"研究史[M].北京:教育科学出版社,2010:163.
② 同①:164.

"新基础教育"研究在教育改革理论的创新上主要以两种方式进行：一是赋予许多"老概念"以新内涵（如学校管理、教学、班级等），二是在理论与实践双向交互中生成新概念（如研究性变革实践、推进性评价等）。这些概念的分布与"新基础教育"研究涉及的学校与班级两层次三大领域一致。

（一）学校转型性变革

当代中国处在全球与本土都急剧变动且交互影响的大时代，整个社会呈现出全方位的变革态势，既激烈迅猛，又复杂深刻。"透过纷繁、喧闹、变动不居的社会现象，我们把当代中国多方变革的主题聚焦为'社会转型与民族复兴'。"[①] 在这样的时代，教育变革是社会变革的重要组成部分。"开发中华民族精神的内在生命力，创建美好富强的中国，为每个中国人的幸福生活提供可能与社会保障，这是中华民族伟大复兴的必行之事，也是身处大时代的当代中国教育改革与发展的社会历史使命。"[②] 但是，叶澜认为社会变革不会带来教育系统内部和基础教育的自动变化。"教育系统如何认识和应对社会变革，由教育系统的内策划和内行为决定。"[③] 因此，叶澜的教育变革理论与实践从主动深入分析中国教育变革自身开始，尤其是对中国教育变革的性质与任务的认识，"当代中国基础教育变革理论的建设，在明确了社会基础变革的性质和特征之后，首先需要做出的是有关变革性质的判断。通过这一判断，建立起社会变革与教育变革的性质意义上的关联性，进而明确基础教育变革的任务"[④]。

---

① 叶澜."新基础教育"论——关于当代中国学校变革的探究与认识 [M]. 北京：教育科学出版社，2006：64.
② 同① : 95.
③ 同① : 98.
④ 同① : 121.

1. 转型性变革

综观国内外教育变革，不仅在任务和主题上不同，而且在性质上有差异。若对变革的性质做类型分析，可以有多种不同标准的分类。①（1）按变革涉及的面，可分为局部变革和全面变革。其中局部变革又可分为多项变革与单项变革，全面变革不仅指面的广泛性，也包括层次的多级性。（2）按变革项目之间的关联性，可分为多项、分散的变革和关联、综合的变革。（3）按变革的时间上的持续性和速度，可分为短期变革和长期变革。单项、多项和分散的变革通常所需时间较短，速度较快；全面、关联、综合的变革常因其复杂性和综合性而需要较长时间才可完成，推进速度也较慢。（4）按引起变革的动因和范式的来源，可分为外在引进式变革和内在生成式变革。（5）按变革触及的程度，可分为外在环境变革和内在本体变革。（6）按变革针对的问题及期望目标触及的深度，可分为改进完善性变革和转型性变革。两者间最大的差别，在于变革所针对的问题和期望目标在变革意义上的深度：改进完善性变革的主要任务是在不改变原有的价值取向和基本框架的前提下，对系统的功能、质量等方面做趋向完善和提高的变革。这种变革涉及的范围可能是局部的，也可能是全局的，"它犹如对一所设施已旧但功能尚全的老宅的维修和功能的升级"②。转型性变革是指价值取向、构成系统要素之基质、相互关系、结构整体框架、管理体制和运作机制等关涉系统整体性的方面都发生变化，并导致形态性转换的变革。它不仅要对原有的形态做深入的分析与批判，发现具有全面性和根本性的问题，而且要按新的价值取向和观念系统，做出新的系统策划和在实践中进行重建。"它犹如在原有基础上，改变设计理念和功能指标，以新的元素组合进行房屋重建。新屋可能利用原有老屋中的设计合理部分和建材，但它不是对老屋做'加、减法'，而

---

① 叶澜."新基础教育"论——关于当代中国学校变革的探究与认识[M].北京：教育科学出版社，2006：122-124.
② 同①：123.

是重建。"①由此可见，转型性变革是一种系统更新式的变革，它不满足于对系统的修补，也不是只需消除和改变原来系统中不合适的或需要改变的方面，而是必须包含重建的任务。重建形成的新形态在整体上不同于原先的形态，并且是一种整体发展性的变化，它是以发展为价值取向、以整体转型为目标的变革。

基于上述分析，叶澜认为，"当代中国基础教育变革的性质属于转型性变革"②。它具体由教育制度与体制的整体转变、教育发展机制的转型、为新时期国民素质提供新的教育基础、教育观念系统和专业队伍的结构性变革等构成。③而这一切最后都聚焦到基础教育变革的基本单位——学校。"21世纪初中国社会的学校'转型性变革'，是指学校教育的整体形态、内在基质和日常的教育实践，要完成由'近代型'向'现代型'的转换。"④"学校重建，是21世纪中国基础教育变革的必然走向。说其必然，不只是因为任何教育变革最终都要聚焦和落实到以直接培养人为不可推卸的社会责任的学校中，还因为当代中国的中小学教育，无论在观念方面还是实践方面，基本上还处在近代工业社会时所创建的学校形态的束缚之中，若不转换，无法从根本上适应当代社会的需要。"⑤可以说，学校重建是当代中国基础教育转型性变革必须完成的根本任务。这是叶澜将其教育实践变革项目命名为"新基础教育"研究的根本原因，即探索当代中国基础教育转型性变革和学校重建的新理论和新路径。

---

① 叶澜."新基础教育"论——关于当代中国学校变革的探究与认识[M].北京：教育科学出版社，2006：123-124.

② 同①：127.

③ 同①：129-145.

④ 叶澜.世纪初中国基础教育学校"转型性变革"的理论与实践[M]//叶澜."新基础教育"发展性研究报告集.北京：中国轻工业出版社，2004：15.

⑤ 同①：170.

2. 学校整体转型

叶澜言及之"学校"指的是承担基础教育中普通教育的小学与中学，重点是实施九年义务教育的小学与初中。她以中小学为基本单位开展"新基础教育"研究，在理论和实践双向建构的意义上，推进学校在变革中实现整体转型。"这一有关学校整体转型的研究，从对时代、教育的批判性认识和把握社会新质始，逐渐形成新的教育观念系统，并努力探索在当今学校的现实环境中，把新的理念转化为新的实践的转换过程，目前已走上了重建当代中国基础教育新型学校之路。"[①] 如何认识当代中国学校之整体转型？从什么型转到什么型？新学校之"型"的样态如何？为回答这些问题，叶澜进行了中国学校转型性变革的百年回溯。

首先，对"废科举、兴学堂"以来封建社会学校制度向近代学校制度的转型（1860—1949年）过程做详细分析。[②] 她认为："从封建社会学校制度走出，到近代学校制度的建立与巩固，是中国学校教育在20世纪上半叶最重要，也是最为艰难的变革。"[③] "20世纪20年代前，中国学校教育制度和学校变革的性质是转型性的变革，是中国学校教育由古代向近代的转型。……推进这一转型的直接力量来自社会。民族危机与政权统治危机的交织，使变革力量以改良的方式，先在旧政权内部和旧教育制度框架内产生、集聚。……作为近代化后发国家的中国，处在当时西方资本主义国家强大控制和影响下的中国，在教育制度与学校转型中，基本上以西方工业社会近代化中形成的学校制度为范本。故中国教育近代化的转型性变革，就学校教育形态来说是与西方近代教育形态一致的。"[④] 这段阐述有几层意思：（1）从中国

---

① 叶澜."新基础教育"论——关于当代中国学校变革的探究与认识[M].北京：教育科学出版社，2006：171.
② 同①：173-185.
③ 同①：173.
④ 同①：184-185.

古代学校向近代学校转向的性质是"转型性变革";(2)这场学校转型性变革本质上是被近代社会转型裹挟前行;(3)这场学校转型性变革的模板是西方近代学校形态,意味着跟中国古代教育传统的断裂。

其次,对中华人民共和国成立后(20世纪下半叶)学校教育变革的系统梳理与分析。①"35年的历史深刻地表明了,新中国成立以来的学校教育变革主要围绕着政治变革,在意识形态和政治权力、党内路线斗争等强介入下开展的。……新中国成立后的教育变革历史同时表明:中国的学校教育在1985年进入现代变革新时期时,其基本形态依然是近代而非现代的。……这一历史存在,决定了今天进入社会主义现代化建设的新历史时期的中国学校教育,面临着早该进行却没有进行,现在则必须真实面对和开始的历史性变革——实现学校教育从近代向现代的转型性变革。"②

此外,从20世纪80年代开始,中国社会进入了急剧变革的转型时期,教育宏观领域开始了相应的变革。虽然这一时期的教育宏观变革未为学校变革提供充分的自主空间,但也带动了学校的变革,学校物质条件有了相当程度的改善,信息技术手段在教育教学中的运用逐步推广和加强,为适应21世纪发展需要的新课程改革也在持续推进。在此过程中,一批富有开拓精神和创造力的新型校长和教师发展成长起来,一批学校也脱颖而出。"但是就全国大部分地区的学校而言,变革不仅远没有完成,而且可以说尚未在深层次和实质上开展。普遍的情况是办学主体缺乏变革的主动性,基本上还是执行领导的要求;近代学校的管理模式、教育教学组织和活动方式依然是学校主要的生存状态。"③因此在叶澜看来,"学校重建,是21世纪中国基础教育

---

① 叶澜."新基础教育"论——关于当代中国学校变革的探究与认识[M].北京:教育科学出版社,2006:185-198.
② 同①:197-198.
③ 同①:200.

变革的必然走向"①，这"不只是因为任何教育变革最终都要聚焦和落实到以直接培养人为不可推卸的社会责任的学校中，还因为当代中国的中小学教育，无论在观念方面还是实践方面，基本上还处在近代工业社会时所创建的学校形态的束缚之中，若不转换，无法从根本上适应当代社会的需要"②。这是叶澜对中国近代以来百年学校发展史回溯后得出的重要结论。因此，当代中国学校进行从近代型向现代型转向的变革势在必行。为此，她在"理想新人"设计③的基础上，进行了"新型学校的蓝图设计"④。

（1）价值提升。现代型学校的存在价值不再停留和满足于传递、继承人类已有知识，实现文化的"代际传承"和社会生产力、生产关系的复制式再生产，而是追求为社会更新性发展、为个人终身发展服务的存在价值，使教育成为人类社会更新性的再生系统。这一转换将使学校教育的主旨从以传递知识为主要直接目标，转换到以通过包括知识教育在内的各种手段，培养具有主动发展的意识与能力，能在各种不同和变化着的情境中努力开发自己潜力的人为主要直接目标。从以传递知识为本转向以培养人的健康、主动发展的意识与能力为本，是现代型学校价值提升的核心构成。

（2）重心下移。这有以下三层含义：①相对近代学校金字塔式权力分配，教育普及化的今天，普通中小学在教育对象和目标上实现重心下移，不只关心培养少数"尖子"学生，为高一级学校培养精英服务，而应致力于每一个学生的主动、健康发展，为学生终身学习发展奠定坚实基础。②相对学科教学内容被精密设计和课堂教学过程被教师掌控而言，促进教学内容的重心下移，将近代型学校中仅以为进入学术象牙塔做准备的学科知识为主的教

---

①② 叶澜."新基础教育"论——关于当代中国学校变革的探究与认识［M］.北京：教育科学出版社，2006：170.

③ 叶澜.时代精神与新教育理想的构建——关于我国基础教育改革的跨世纪思考［J］.教育研究，1994（10）：3-8.

④ 同①：230.

学内容，转变为学科领域知识与生活领域、职业实践领域、科学技术领域、人生领域等方面沟通的课程体系。与课程重心下移相关的还有教学过程的重心下移。③相对学校管理的金字塔式组织和权力格局而言，新型学校要促进管理重心下移，教育行政部门将学校管理权力真正还给学校，承认学校作为专业教育机构、教师作为专业人员对教育实践具有自主管理权；同时新型学校管理重心下移还体现在学校内部制度、组织、体制、文化等方面的改革上，建立起师生参与学校管理的民主运行机制，改变学校运行中的科层制和金字塔结构。此外，管理重心下移还包括学校在课程开发、师资培养和教育研究等方面的不离"土"，充分发挥师生在学校发展中的主动性和潜力，办出有个性、有特色、有底蕴的新学校。

（3）结构开放。这是相对于近代型学校制度在社会中的封闭状态而言的，即各级学校之间衔接呈刚性状态，学校内部各层面亦缺乏沟通。重心下移与结构开放存在着互为因果、相互促进与转化的内在联系。重心下移是从学校教育权力重心的"高"来看学校的整体状态，结构开放则是从学校与外部环境、内部组织在实践中的相互关系来看学校的整体状态。因此，结构开放不仅表现为整个学制的开放与弹性，在学校结构上还表现为两个向度的开放：①学校向外部社会、社区、网络、媒体的开放，以及学校之间的交流开放，实现外部信息、资源等能量的采集、吸收与转化。②学校在内部向师生的开放，打破不同层次、不同领域的割裂和封闭，促进学校结构向扁平化转变和信息的流通交流，使师生真正成为学校的主人，促进教育教学活动向学生发展的可能世界开放及研究、研修活动向教师发展的可能世界开放。

（4）过程互动。这是对新型学校在教育过程中呈现的新形态的概括描述，与近代学校以教师向学生单向传递知识规范、以训练为主的教育活动的基本形态形成鲜明对照，强调教师、学生、家长等在学校教育中的主体地位，在教育教学过程中推动这些不同类型主体开展多元、多层、多向、多群的立体互动，从而提升教育的质量并产生渗透综合效应。

（5）动力内化。这意味着学校形成自己内在的发展需求、动力和动力机制，是学校变革最深层次的转换。学校发展的内在需求建立在学校领导人员对学校的历史、现状，学校拥有的资源和存在的问题，学校所处的环境和可能的发展空间等有全面、深刻、综合认识的基础上，以学校未来发展愿景或目标的形式集中表达，是源于学校自身而非上级领导的发展愿望。学校发展内在动力是指学校发展的价值取向并非为了谋取外在功利刺激（如奖励、地位等），而是认识到教育内在的使命与力量，以实现师生的内在发展为根本追求。学校发展动力机制的内化由调查研究、分析策划、实践行动、反思重建等基本环节构成。基于动力内化的认识，叶澜在推进"新基础教育"研究过程中主张培育和提升学校和校长、教师、学生发展的"内生力"，强调人、事及学校的发展先从做强自己和盘点"自我""内因"开始。在一定意义上，"新基础教育"研究最大的目标就是培育广大中小学、校长、教师、学生的"自我生长的力量"。

新型学校的上述五大特征在"新基础教育"研究的发展性阶段即已明确，后来进一步深化，成为指导学校整体转型变革的重要理论依据。叶澜认为，新时代的学校要进一步提升"生命质感"，"学校要从'无人'转化到'有人'、有生命感，学校的花草树木有生命；教科书也有生命，因为教科书是人类生命的创造、凝聚，是文明的积淀。生命的基本特征是不断与外界进行交换，有主动寻求发展的能力。……学校是个生命场"[①]。2016年12月21日，叶澜在关于"生命·实践"教育学信条的报告会上，提出学校的第六大特征——"整体融通"，以"整体融通"概括具有"生命质感"的新型学校样态。"学校是师生开展教育活动的生命场，提升学校的生命质量是学校变革的深层次诉求。学校时间的配置要以生命成长的节律为依据……学校空间的配置必须顾及师生生命安全和多方面发展的需要，顾及开展教育活

---

① 叶澜."新基础教育"内生力的深度解读[J].人民教育，2016(3/4)：37.

动、满足交往与表达的需要，并注意空间分隔的固定与灵活、功能的通用与专用等区别。"①

3. "三观十性"

在叶澜看来，推动当代中国基础教育的转型性变革和学校的整体转型，必须对关涉学校教育实践的教育观念系统进行更新性改造。1999年，叶澜在《"面向21世纪新基础教育"探索性研究理论纲要》一文中提出了有关新教育理念的主要观点②，又在《"面向21世纪新基础教育"探索性研究结题总报告》中对新教育观念系统的构建进行论述③；2006年，叶澜在《"新基础教育"论——关于当代中国学校变革的探究与认识》中专门就教育观念的系统更新再次深入阐述④。总的来看，叶澜一以贯之地认为："学校要实现转型性的变革，就需要分析、反思实际支配着当今我国学校现实的教育观念体系是什么，寻找造成实践弊端的思想与理论根源；再根据时代要求和培养新人的要求，重建新的教育观念系统，并以新教育观念系统为理论导向，变革教育实践和改变教育者头脑中的已有观念与教育行为。……从这个意义上可以说，新教育观念系统是实施'新基础教育'的学校之魂，是变革传统学校的理论武器。"⑤具体而言，这些观念系统涉及三大方面的十大观念，简称"三观十性"。

（1）价值观。价值观要回答的问题是：为什么要办基础教育？这是关系到基础教育方向与定位的问题，对此不同时代会有不同回答。也许将基础教育的价值定位在"打好基础"，会是一个永远不会错的答案，但并没有回答

---

① 叶澜."生命·实践"教育的信条［N］.光明日报，2017-02-21（13）.
②③ 叶澜."面向21世纪新基础教育"探索性研究理论纲要［M］//叶澜."新基础教育"探索性研究报告集.上海：上海三联书店，1999：7-9.
④ 叶澜."新基础教育"论——关于当代中国学校变革的探究与认识［M］.北京：教育科学出版社，2006：216-230.
⑤ 同④：216.

什么是"基础",也没有涉及"打基础的目的"是什么这样更为实质性的问题。①因此,实践中广泛存在将"基础"狭窄化和短期化的现象。狭窄化是将"基础"理解为学好学校开设的主要学科,短期化则是强调基础教育对近期、可测量的考核与评比标准的满足等。这些追求容易转化为实践中"考、评、赛、查、晒"等工作和真实的应试教育,忽视基础教育更根本、更长远的价值——对社会发展和个体终身发展的奠基性价值。因此,新时期我国基础教育的价值观必须强调未来性、社会性和生命性。

未来性是价值观中时间维度的转向。它与当代终身教育的发展有关,体现了基础教育与个体生命关系上时间维度的变化,强调基础教育作为人生接受正规教育的起步阶段,要承担起为学生终身学习和发展奠基的责任,使其有可能创造有意义而幸福的人生。"从未来而不只是从历史的角度,来规定基础教育的'基础'之含义,是我们提出'未来性'的根本所在。"②未来性不是对教育历史继承性的否定,也不是对"现实性"视而不见,而是将历史的资源通过现实教育转化为个体适应未来发展需要的能量,追求的是教育将

---

① 2016年5月3日叶澜在《人民日报》撰文《深化基础教育改革三题》,专门就基础教育之"基础"的内涵与目的做了详细阐述。文中强调,基础教育之"基础"的具体内涵会随时代发展而变化,但其在两个层面的基础性地位和价值不会改变、不可丢失:一是为个体一生的发展打基础(包括人品、学问、处世和身心健康),二是为社会所需各类人才的培养打基础。这是基础教育的特质。基础教育给每个接受教育的个体留下什么才算完成"基础"的使命?可将之概括为"三底":一是"底线",懂得且遵循做人、做事必须有的底线。二是"底色",童年、青少年期的生命底色应是阳光、自信、热爱生活,对未来抱有希望,不畏成长中的艰难。学校教育有责任给孩子的生命打上明亮温暖的底色。三是"底蕴",让青少年走出只能依靠直接经验认识世界的时空思维局限,获得走进文化世界的工具,学会借助文化知识不断学习、探索和创造未来世界。这些认识在2017年2月21日发表于《光明日报》的《"生命·实践"教育的信条》中有进一步的阐发。在一定意义上,这些观点也构成叶澜对教育之价值观的认识,即基础教育之基础价值观。

② 叶澜."新基础教育"论——关于当代中国学校变革的探究与认识[M].北京:教育科学出版社,2006:218.

过去、现在和未来三个社会和个人发展的时间维度的沟通与融合。

社会性包括两方面的含义：一方面，基础教育是社会公共事务，关系到千家万户和社会的发展。这要求教育工作者具有与时代和社会变化相关的发展意识，在文化精神上走在时代前列，把创建新文化并用新的文化精神滋养年轻一代作为应尽的责任。另一方面，教育过程也是学生社会化的过程。教育必须使学生认识到自己与社会的关系、自己应尽的社会责任。学校所要培养的是把自己的生命与人民的命运紧密相连的优秀公民，而不是只顾个人利益、无视社会义务的精致的利己主义者或只知向社会索取、不知尽社会责任的极端个人主义者。

生命性的提出主要针对当下基础教育中普遍存在的重知识传授和技能训练，轻学生个体生命多方面发展价值的弊病。为此，教师需要强烈意识到教育是一项直面生命和提高生命价值的事业。中小学生正处于生命中成长最快、最富有学习可能，也是最需要学习的重要时期，处在个性发展、形成的重要时期。这一阶段教育的价值与影响力将远远超出本阶段而延续至终身。从这个角度看，个体生命的青少年期又是最需要优秀和出色的教师的时期。因此，教师一定要突破知识直接传递观和应试的教育价值观，在教育教学工作中焕发出生命的活力，努力完成为生命的健康、主动发展服务的神圣使命。

（2）学生观。在此一观念的更新上，叶澜强调认识和关注学生的主动性、潜在性和差异性。

主动性是人的生命的本质构成，教育能否关注和实践这一点首先取决于对学生的看法。学生是学习活动不可替代的主体，又是教育活动中复合主体不可或缺的重要一半。没有学生学习的主动性，没有学生在教学中的积极主动参与，教育就可能蜕变为"驯兽"式活动。学生主动性发展的最高水平是能动、自觉地策划自身的发展，成为自己发展的主人。承认学生的主动性是教育能否关注学生主动性发挥和发展的重要前提。

潜在性是指人的生命发展的潜在可能性，它与人的实践和人在实践中的自觉状态直接相关。叶澜强调，认识和重视学生的潜在性是指教师要看到学生存在着多种发展的潜在可能。人的全面发展能否实现，承认人的发展的潜在可能性是重要的认识前提。这一观点成为"新基础教育"研究之"潜能发展观"的基本内涵。①

差异性是从人与人之间比较意义上做出的人之特性的判断。学生不可能站在同一起跑线上，以用同样的速度，沿着唯一的途径，到达相同的终点。学生之间的差异性表现在性格、兴趣、特长、思维方式等方面。教师不仅要承认学生的差异性客观存在，而且要研究学生的差异性，发展学生的特长，为各种人才的成长打好基础、提供条件。为此，在"新基础教育"研究的实践变革中，叶澜一直强调差异是资源，差异是推进学生多元立体互动的前提，为了促进学生差异式发展，要尽可能丰富学生的日常生活。

后来，叶澜在《教育创新呼唤"具体个人"意识》一文中，将学生观中的主动性、潜在性和差异性进一步聚焦，形成"具体个人"概念。这一概念受保罗·朗格朗（Paul Lengrand）在《终身教育引论》中有关"具体的人"的论述②启发，但又有新内涵。叶澜提出把学生当作"具体个人"去认识和研究，就是"要承认人的生命是在具体个人中存活、生长、发展的；每一个具体个人都是不可分割的有机体；个体生命是以整体的方式存活在环境中，并在与环境一日不可中断的相互作用和相互构成中生存与发展；具体个人的生命价值只有在各种生命经历中，通过主观努力、奋斗、反思、学习和不断超越自我，才能创建和实现，离开了对具体个人生命经历的关注和提升，就很难认识个人的成长与发展；具体个人是既有唯一性、独特性，又在其中体

---

① 李晓文.青少年发展研究与学校文化生态建设[M].北京：教育科学出版社，2010：98-124.
② 朗格朗.终身教育引论[M].周南照，陈树清，译.北京：中国对外翻译出版公司，1985：87-88.

现着人之普遍性、共通性的个人,是个性与群性具体统一的个人"①。

（3）学校教育活动观。学校教育活动是学校教育的实践部分,是师生学校生活的核心。就师生每天的日常教育活动而言,最基本的是以班级为单位的课堂教学和班级工作。重要的是,学校教育活动是沟通教育理想"彼岸"和学生发展"此岸"的具有转换功能的"桥"。学校教育活动观就是有关学校教育活动及其相互关系和特性的基本性质的认识,主要强调教育活动的双边共时性、灵活结构性、动态生成性及综合渗透性。

双边共时性强调教育活动由师生共同参与。教育活动的主体由教师与学生组成,他们各处教育活动的一边,构成双边关系。教师教的活动与学生学的活动彼此关联,在活动中两类主体交互影响、交互作用。教育活动是教师与学生两类主体共同参与的活动,这种认识是对"教师中心论""学生中心论""教师主导—学生主体论"的超越。

灵活结构性是针对教育活动的程式化和烦琐化来说的,指教育活动的内容、方法与过程在设计和推进上都应呈现合理的结构。教育活动只有呈现出合理的结构,才能产生积极的整体效应。合理的结构是指能反映知识的内在结构。促使学生掌握包括内容的、方法的和过程的多重意义的结构,是让学生学会学习的最有效途径。结构的抽象性、形式化,使它具有很大的迁移可能性和包容性。学生掌握了结构,就具备了解决不熟悉领域新问题的工具。坚持结构化的教育方式,就能让学生逐渐养成整体上把握事物,关注事物内在关系和作用方式,继而在整体格局中认识局部的思维习惯。教育活动的结构化将有助于学生思维从无序向有序、从疏漏向严密、从散点向综合发展,这将对学生的终身发展产生影响。由于结构本身具有灵活的特征,因此教育活动应具有灵活结构性。

动态生成性是指不能把教育活动看成预定方案或计划的呈现,从而使教

---

① 叶澜.教育创新呼唤"具体个人"意识[J].素质教育大参考,2003(4):7.

育活动僵化。教育活动是师与生两类活生生的、具有主动性和能动性的主体参与的活动，因而充满了复杂性、不确定性。教师不能因为害怕学生"乱"而将教育活动牢牢控制在自己手里，相反，教师要通过创设情境，让学生呈现出真实的状态，然后帮助、促进他们成长。教育活动的动态生成性并不以对教育活动的目的性、计划性、预设性的否定为前提，而是在此前提下，使教育活动过程成为生机勃勃、极富动态和具有真实教育效果的过程。突出了教育活动的动态生成性，也就突出了教育过程本身的生命性，学校教育活动才会焕发出内在的生命活力。

综合渗透性是从学校各项教育活动内在关系的意义上提出的观点。真实的教育活动以综合为特征，对人的发展具有多方面的影响；师与生也是以整体的生命而非生命的某个方面投入到教育活动中。虽然不同教育活动在目的与目标上有倾向性的区别，但不可能只针对人的某些方面产生影响而对其他方面不产生影响。教育影响最常见的形态是持续渗透，春风化雨，润物无声。渗透是各种教育活动产生综合效应的方式。重视教育活动的综合渗透性，有助于开发不同教育活动多方面的潜在功能。

上述"三观十性"构成了叶澜"新基础教育"研究的"新理念"。

（二）学校管理

在"新基础教育"研究中，"学校管理"这一概念被改造为"学校领导与管理"。"新基础教育"研究强调学校领导发展与学校管理变革之间的内在融通、交互促进。

在"新基础教育"研究的探索性阶段，叶澜即关注学校领导与管理在学校整体转型变革中的重要作用。当时虽然主要进行课堂教学改革和班级建设改革，但实际上已触及学校管理者管理思想和管理方式的变化，认识到校长应从多角度支持一线教师开展改革，如提出"实践性的实验能否成功，不仅取决于研究人员提出的方案、方法、理论的合理性和完整性，而且取决于学校领导对实验的具体支持和投入程度"①。对学校领导与管理的系统研究是在"新基础教育"研究的发展性阶段，确切地说是在2001年以后，即在选择合作学校时以校长是否具有通过改革研究推进学校发展的追求作为重要参考依据，而对校长所在学校的初始条件（学校历史、物质条件、生源、师资、所在地段、教育质量等）不做严格规定。这一阶段，"校长愿意"成为合作开展"新基础教育"研究的"入门线"。所以，学校管理改革的过程，也是认真投入实验的校长带领教师并与教师一起实现自我发展的过程。这一时期学校管理转型的核心是从"行政事务型"转向"发展策划型"，不断加强变革力量和成效的集聚与辐射；注重评价改革，使评价成为推进学校转型性变革的重要力量；在学校管理改革中逐渐形成学校的新文化、新制度和新的发展内动力机制。②

1. 学校领导与管理

2006年，叶澜在著作《"新基础教育"论——关于当代中国学校变革的探究与认识》中对学校领导与管理进行了系统论述。③她强调，学校领导与管理"像课堂教学与班级建设一样，是学校日常实践中不可缺少的一个层面，且关涉、影响到学校工作的一切方面。学校领导与管理的变革，在学校转型性变革中具有双重指向：一是指向领导与管理层面本身的重建，一是指向对学校变革的领导与管理。后者是学校转型性变革中领导层不可推卸的责任，前者是学校转型性变革的组成与保证"④。叶澜认为，我国学校管理结构

---

① 叶澜."面向21世纪新基础教育"探索性研究结题总报告［M］//叶澜."新基础教育"探索性研究报告集.上海：上海三联书店，1999：56.

② 叶澜.世纪初中国基础教育学校"转型性变革"的理论与实践［M］//叶澜."新基础教育"发展性研究报告集.北京：中国轻工业出版社，2004：32-36.

③ 叶澜."新基础教育"论——关于当代中国学校变革的探究与认识［M］.北京：教育科学出版社，2006：325-389.

④ 同③：325.

和运行机制的基本特征是"上级决策,下级执行;一人指挥,众人行动;统一任务,逐级演绎;套路相似,结构雷同"[①],因此,"在学校内部形成具有扁平特征的新型管理结构,建立层次与系统之间积极、双向、有效互动的创生式运行机制,拓展每一位学校领导、教师实现发展和展现智慧、才能的空间,合力创建富有创造力和个性的、成功实现我国当代基础教育转型使命的学校,是'新基础教育'学校管理转型的核心任务"[②]。在转型过程中,校长固然十分重要,但不能只强调校长个人的管理行为,而更应关注学校领导层每一个成员和核心领导力的形成。

以校长为首的学校领导团队应着力更新管理观,"管理观的更新,不只是具体观点的改变,更要有认识学校管理的思想方法的更新,其中最重要的是要从实体式的思维转向关系思维。在一定意义上可以说,管理就是处理好一系列关系的过程。学校管理中的一系列关系的聚焦点,就是'人'与'事'的关系。其他的一系列关系,都是这一关系在学校领导与管理过程中的展开"[③]。

首先是管理价值观的更新,即建立成事成人内在融通、关联的管理价值观,在成事中成人,以成人促成事。"'在成事中成人'是指学校的日常教育实践和学校变革的实践,是造就新型教育者和学生的根本途径。这里突出的是学校教育的根本价值在于'成人',而不是'成事',其中的人不只是学生,也包括教育者。……我们不可能等培养出了新型教师才来并展学校转型变革,而是只能在转型变革中改变教师,提升教师的变革意识与能力,完成教师自身的转型。……成教师之人本身应该成为变革的价值追求,而不只是手段。……唯有人变了,新型学校的创建与发展才能持续进行。在转型变革

---

① 叶澜."新基础教育"论——关于当代中国学校变革的探究与认识[M].北京:教育科学出版社,2006:334.
② 同①:334-335.
③ 同①:336.

中，人是最重要的、持续发展的决定性力量。"[1]这种价值观是叶澜始终强调的教育学学科立场在学校管理变革中的转化和体现，改变了教师在教育变革中的"专业工具"属性，强调教师在变革中作为"人"的发展。当然，这里"成人"之人，也包括学校领导者，"成事"之"事"也包括学校领导、管理之事。

其次是人际关系观的更新，在学校运行中建立责任人与合作者的关系。"要想使学校中每个人能在成事中成人，那么学校的人际关系应向责任人与合作者的方向更新，而且每个人在不同层面上和不同的方面，都分别承担着责任人与合作者的双重角色。人意识到并承担这样的双重角色，学校中的个体和群体的积极性和效率会发挥到可能条件下的最佳状态。从这个意义上，责任人与合作者不仅是一种新的成事过程中的人际关系性质的表达，同时也是每一个学校工作人员的工作角色双重定位的表达。学校领导要从自己开始并促使学校中每个人，实现由单一角色向双重角色的转换，并创建新型的责任人与合作者的人际关系。"[2]这种关系首先体现于学校最高领导层内部，校长作为最高领导层的第一责任人，承担学校生存与发展的全局责任，"作为第一责任人的校长，不是一切工作的责任人，他主要应在学校整体发展的方向、目标、路径、组织、制度等一系列关涉全局的方面承担责任……在整体范围内的各部分工作，应由分管校长负责决策。将管理的权力重心下降并做合理的分布，也是校长要承担的责任，是各层次建立责任人和合作者关系都须奉行的原则。每个人都应成为自己承担工作的第一责任人，而不是对他人负责、执行他人的旨意。认识到这一点，就可能使每一项工作都呈现出责任人的智慧与风格、创造与活力"[3]。

---

① 叶澜."新基础教育"论——关于当代中国学校变革的探究与认识[M].北京：教育科学出版社，2006：337.

② 同①：338-339.

③ 同①：340.

再次是管理功能观的更新，善于在形成秩序的同时推进变革。叶澜认为，学校管理要关注"三大秩序"：第一秩序是学校作为一个组织得以存在的基本节律（如正常的教学秩序等），第二秩序是保证学校各项工作领域"内质量"的制度与纪律，第三秩序是学校成员的"内心秩序"（如校风、教风、学风等）。同时，学校领导不能埋头日常事务，忙于各种会议，而是要心态积极，打开眼界，建立新的参照系，引领教师发展，适应时代要求确定新型办学理念，制订长时段发展规划，推动学校日常实践的变化。"'形成秩序'和'推进变革'两大功能的统一，不仅表现在基本秩序的形成是变革开展的基础，还表现为变革的过程会涉及不同秩序内涵和结构的变化，表现为变革的成果会以重建三种不同层次秩序的方式成为一种新的持续和稳定的力量，在日常教育实践中发挥作用。学校管理中形成秩序与推进变革两大功能的关系，在一定意义上是确定性与不确定性的关系……只有用动态转化、相互生成、多元整合的复杂思维，才能理解和认识其中的统一……所以在过程与结果的意义上，管理功能观的更新也是发展观的更新。"[①]

最后是学校时空观的更新，处理好分割与统整的关系。学校教育活动有相对于其他社会活动不同的时空处理方式。学校管理在处理时空上的观念变革，也将在整体水平上影响学校教育的进行与效果、质量与发展。传统学校的时空处理侧重的是分割，倾向于稳定和有规律的变换，即常规性的运转，如作息时间安排和教室分配等。"如何分割学校的时间与空间，历来是学校管理中的基础性工作。在形式上它往往会给人留下单调、重复的印象。生活在学校中的人，如果不能感受活动内容的丰富、变化，不能从中获得发展，确实会产生厌倦。"[②]在叶澜看来，在学校转型变革过程中，传统时空观应向新的时空观转变，学校应进行时空统整。学校时空统整"涉及学生、教师在

---

① 叶澜."新基础教育"论——关于当代中国学校变革的探究与认识[M].北京：教育科学出版社，2006：345-346.

② 同①：347.

校内和校外相关时空的关联。从时间上来说是校外、课外时间，从空间上来看则与家庭、社区相关。学校对校外时空的统整不在控制意义上，而在相关、延续和渗透、综合意义上，在聚集与辐射意义上。就更长远而言，学校的时间意识的延伸应从学生的现在，联系到他的过去和未来，学校的空间意识要从学校延伸到家庭、社区直到整个社会生活。从时空整合的角度看，要由个体人的生命和生活时空，联系到人类的类生命史和社会历史、现实与未来的生存时空"①。为了把学校建设成"生命场"，叶澜进一步指出："学校时间的配置要以生命成长的节律为依据，儿童生命发展的动与静有其独特性。教育要尊重、遵循孩子的生命成长节律，按照不同年龄阶段有区别地开展工作。学校空间的配置必须顾及师生生命安全和多方面发展的需要，顾及开展教育活动、满足交往与表达的需要，并注意空间分隔的固定与灵活、功能的通用与专用等区别。学校建筑、空间是学校品质给人的最直观的印象，从中可以看出学校的追求、精神面貌和师生生存状态。学校空间是学校文化的重要载体，是教育理念的空间存在形态。"②

除了上述对更新学校管理观的思考，叶澜还围绕学校管理改革，着力推进了以下几项工作：（1）更新学校组织。改变科层制的高重心、层层落地的上下层组织关系，建立扁平化组织结构和各组织间网络化合作关系，突破传统的条块分割现象，形成学校新的组织结构形态。在各层各个机构实行"第一责任人"制度和协同合作制度，强调对各自分管领域的管理自主权和彼此分工合作的基本要求。（2）建立以促进教师研究、自我发展为宗旨，以自愿组合形式形成的非行政组织。这是底层管理网络节点的增加。这类组织在激发教师参与改革的积极性等方面发挥了良好作用。（3）更新学校管理制度。制度重建是学校转型变革的重要构成，通过意见汇总、初步修订、实践

---

① 叶澜."新基础教育"论——关于当代中国学校变革的探究与认识［M］.北京：教育科学出版社，2006：348.
② 叶澜."生命·实践"教育的信条［N］.光明日报，2017-02-21（13）.

试行、阶段完善等过程,师生积极参与,使制度形成过程成为统一认识、愿景的过程,使刚性的制度中内含柔性的精神和人文关怀,实现"人"的发展与"事"的改变结合。(4)建设学校新文化。叶澜强调,当代中国学校文化建设要从建设学校"小文化"(如学校物质文化、制度文化)的局限中超脱出来,在社会转型背景下承担建设中国"大文化"的使命,"当代中国学校领导首先要有一种文化自觉,即意识到学校的文化精神,学校在当代中国社会的文化发展中的历史使命。这是由中国社会的学校文化建设与社会大文化复杂生态直接关联所决定的"[1]。为此,学校要形成文化个性,创造师生在校"新生活"。

2. 推进性评价

任何教育实践改革都必然面临评价的制约,"这是所有教育教学改革都会面临的问题:改革与已有评价体系的矛盾;参与改革的实践者与改革之外具有评价权的评价者之间的矛盾。前者属评价改革的标准问题,后者是改革应由谁来评价的问题,它直指改革进程中的评价改革"[2]。叶澜及其团队积极开展评价改革。"'新基础教育'研究采取了评价改革贯穿于教学改革研究与实践全过程的策略……改变了评价者在改革之外,评价过程外在于改革过程的传统,使课堂教学评价成为课堂教学改革的认识深化和实践推进中不可缺少的重要构成,把课堂教学改革实践的深化过程与阶段成果不断转化为评价改革的深化过程与重要资源。"[3]这种认识突破了追求评价客观性、科学性、公正性而形成的"双重脱离"的教育教学评价传统:评价主体与教学主体脱

---

[1] 叶澜."新基础教育"论——关于当代中国学校变革的探究与认识[M].北京:教育科学出版社,2006:372.

[2] 叶澜,吴亚萍.改革课堂教学与课堂教学评价改革——"新基础教育"课堂教学改革的理论与实践探索之三[J].教育研究,2003(8):42.

[3] 同[2]:42-43.

离，评价过程与教学过程脱离。

叶澜对西方形成性评价、总结性评价、发展性评价、启发性评价的理论和实践进行反思，指出它们虽然在价值取向、指标体系、服务对象、评价效果等方面存在差异，但其共性是"具体评价的内容还是指向结果状态，并不是过程本身。……（然而）我们的目的，不只是评定结果（无论是阶段的还是终结的），也不只是对事实的认识和解释，而是旨在通过评价，发现改革过程的问题、经验和教师达到的不同水平，形成新的课堂教学过程结构的抽象；我们的目的还不只是停留在过程认识的形成和完善，还想通过评价促进教师的自我反思和我们自身对研究的反思。这是一种研究者、实践者与评价者合一式的评价，是一种面对改革着的实践十分综合和复杂的评价。它需要形成的不只是一种评价工具，而是一系列服务于上述目标实现的评价系统，它只能靠我们在改革的过程中逐渐探索和创造"[①]。"'新基础教育'把评价的价值定位在：一方面促进变革过程的发展，另一方面又能将变革过程中所形成的一些新的经验和呈现出的新质做出抽象，以评价指标的形态体现，促使改革实践者和研究者对新型之'型'的认识具体化。'新基础教育'要求的评价，是对变革本身的评价，而不是对变革结果的评价。因而，改进变革和反映变革过程的新质，成为研究形成'新基础教育'评价指标的指导思想。"[②]对于这样一种在研究性变革实践中生成的新型评价，叶澜称之为"推进性评价"，"推进性评价旨在形成学校转型性变革与评价体系双向建构和双向生成的格局。它是在转型性变革的实践过程中逐渐形成的，是将已有的变革经验和未来的理想追求两者进行融合而形成的评价式表达。它不仅指向变革过程，成为变革过程的内在构成，而且具有推进下一步变革发展的作用。这种推进性评价的独特性质，不仅表现为上述价值、功能与指向的独特

[①] 叶澜，吴亚萍.改革课堂教学与课堂教学评价改革——"新基础教育"课堂教学改革的理论与实践探索之三［J］.教育研究，2003（8）：43-44.

[②] 叶澜，李政涛，等."新基础教育"研究史［M］.北京：教育科学出版社，2010：85.

上，也表现在评价的主体与过程等方面，且最终促使学校在评价改革与学校变革的双向建构过程中实现价值创生"[1]。

具体而言，这种评价在"新基础教育"研究中呈现为两种类型：一种是指向课堂教学改革和班级建设改革的日常评价（下面以课堂教学评价改革为例予以阐述），另一种是指向学校整体转型的专题综合评价。

"新基础教育"课堂教学改革评价系统的形成大致经历了三个阶段。（1）第一阶段：以诊断性评价和常规性评价为主要构成。诊断性评价主要是由研究人员随堂听课、课后教师自评、研究人员与任课教师及其团队（一般为教研组）研讨并做出评价三个步骤构成。研究人员通过听课，分析教师的教学行为，然后从改革角度提出建议。这一过程俗称"号脉"，"既'号'课堂教学状态之'脉'，又'号'实验教师个体之'脉'；既'号'教师已经形成的教学特征之'脉'，又'号'教师对教学改革理论的理解和有意识做出改变程度之'脉'"[2]。对于教师而言，这样的评价可以助其提升自我反思和重建的意识与能力，形成更加清晰的"教学自我"，感受教育理论渗透转化到自身课堂教学实践中去的过程等。这一阶段也会采用常规性评价，指参与实验的班级跟其他非实验班级一样，正常参加校内的阶段测验、期中考试、期末考试等，以检验实验班级课堂教学改革对学生学习的成效。这一阶段的两种评价，同时指向过程和结果，是自评与他评、内评与外评的结合。（2）第二阶段：以原则性评价和比较性评价为主要构成。研究人员在大量听课、评课基础上，对实验教师需要改进的观念、行为等信息进行归类，形成了"新基础教育"课堂教学的基本原则与要求。以这些原则与要求为标准评价实验教师的课，即为原则性评价，"旨在促进教师对内含新质的实践

---

[1] 叶澜，李政涛，吴亚萍.学校转型性变革中的评价改革——基于"新基础教育"成型性研究中期评估的探究[J].教育发展研究，2007(4A): 2.

[2] 叶澜，吴亚萍.改革课堂教学与课堂教学评价改革——"新基础教育"课堂教学改革的理论与实践探索之三[J].教育研究，2003(8): 44.

形态的理解、追求与创造,它比'诊断性评价'更强调'新质'的创建任务"①。这一阶段加强了比较性评价,除实验班级自身的纵向比较外,新增了实验班与非实验班间的比较。比较性评价以校内的阶段测验、期中考试、期末考试等为依据,此外还以问卷调查、访谈等形式采集家长对子女发展变化的信息。(3)第三阶段:以全程整体性评价和阶段系统性评价为主要构成。这一阶段的评价改革实现了三个发展。首先,全程整体性评价使原则性要求更加具体化和指标化,教学设计、教学过程、教学反思三个方面的评价指标具有关联性。其次,直接指向教学过程改革的评价在定性、定量和定级分析上三结合。最后,阶段系统性评价是自评与他评、过程与效果相结合的一种评价,既指向教师个体,又指向教师群体。

"新基础教育"研究还开发了推进学校整体转型的专题综合评价,这种评价具有以下几个特点:(1)评价指标体系结构的整体性。评价指标体系涵盖了学校工作的两大层面,即学校领导与管理层面及教师工作层面,在教师工作层面又分为关涉教学改革的教研组建设和学生工作变革的班级建设。评价包括两大系统,即学校变革实践主体的自评,以及由其他学校、地方教育局与教研室和大学的相关人员实施的他评。(2)评价指标体系内在的逻辑性。评价指标体系不只关注与指标相关的因素,更关注不同因素之间的内在关联性。(3)评价指标体系描述的层级性。对每个评价指标的具体描述有三个层级,不同的描述反映了同一评价指标之间的层级差异。(4)评价方式与形式的多样性。这是指既有日常常态评价,又有阶段集中评价(如中期评估和普查),既有定性分析的评价,又有定量分析的评价,既有评价对象的自评,又有评估者的他评,既有答辩会和座谈会的评价方式,又有现场听课和评课研讨的评价方式。

总的来看,叶澜设计、实施并不断完善的推进性评价在理论与实践两个

---

① 叶澜,吴亚萍.改革课堂教学与课堂教学评价改革——"新基础教育"课堂教学改革的理论与实践探索之三[J].教育研究,2003(8):46.

层面推动了教育教学评价的发展。(1)进行了评价价值取向的重建。推进性评价为当代基础教育改革提供的不仅仅是一套具体的评价标准与指标,更是一种适应学校变革实践需要的评价价值系统。(2)内蕴着变革方法论的转换。推进性评价试图超越方法主义,自觉关注评价方式与评价对象的适切性,关注评价主体的多元化和评价思维的"复杂性"。

3. 学校新生活

叶澜开展的"新基础教育"研究推进学校整体转型,实现学校整体形态、内在基质和日常教育实践从"近代型"向"现代型"转换①,其核心是强调对学校日常生活和师生在校生存方式的变革,即改变"近代型"学校"按工业化、批量性生产的模式'塑造'学生,教师被誉为'人类灵魂的工程师'"的传统状态②。在探索性阶段结束后,叶澜曾反思道:"回顾、反思、提炼四年多实验的全部实践,我最深切的感受是:学校可以成为孕育人的精神生命的'宝地',也可以成为扼杀人的精神活力的'屠宰场'。我们的实验就是探索如何使学校真正成为创造人的精神生命的实践,而这项改革必将涉及学校文化最普遍又最深入的层面,即学校里师生的最基本生存方式。"③从探索性阶段开始,"新基础教育"研究除了推进班级课堂教学和班级建设的转型外,还特别突出了学校文化建设,提出按社会发展的要求和时代的精神构建超越现实的学校新文化,依照取舍原则、综合原则和转化原则,促进社会主流文化与学校文化双向转化,为培养社会所需要的新人服务。如果说班级课堂教学生活与班级日常生活的转型是两大分领域的变革,促进学校文

---

① 叶澜.世纪初中国基础教育学校"转型性变革"的理论与实践[M]//叶澜."新基础教育"发展性研究报告集.北京:中国轻工业出版社,2004:15.

② 同①:15-16.

③ 叶澜."面向21世纪新基础教育"探索性研究理论纲要[M]//叶澜."新基础教育"探索性研究报告集.上海:上海三联书店,1999:55.

化转型及建设学校新文化则是事关学校整体的变革，它们共同指向学校日常生活与师生在校生存方式的变革。

之后，随着对教育的理解越来越深入，叶澜提出"教天地人事，育生命自觉"，把学校生活与"育生命自觉"贯通。"'教天地人事，育生命自觉'，是在改变当前师生在校生活的实践中实现的。我们要创造学校新生活，使其呈现出生命成长与教育创造的活力。"[①]这里，她正式提出"学校新生活"，强调"学校活动本身就是一种生活，不是人之生活总体之外的一部分，而是其中特殊的一部分。……学校生活的质量是师生生命质量的重要构成"[②]，"学校的一切活动，若都能用创造新生活的理念去开展，师生真正成为学校生活的主动创造者，那么，无论是教师还是学生，都会在学校生活中实现生命的成长。……只有教师和学生，才是富有智慧与意义、挑战与成长的学校新生活的创造者"[③]。

学校新生活的理念，既指向教育的现在，也指向教育的未来。如何理解"指向教育的现在"？学校的各项工作，都贵在日常，在持续的生命成长中积淀。教育是长期、逐步过渡、阶段性跃迁的慢的事业，"只有化于现实中的未来，才不是空洞的、令人失望的、造成空心人的未来。教育忌浮躁、跟风、突击、运动、竞争、赛事频频、虚荣和浮夸，否则受害的是几代人，不只是一代人"[④]。在当下的教育改革中，需要回归教育初心，加强"内定力"。"指向教育的未来"，是指学校新生活需要创造，这种创造"不同于社会其他行业的创造发明，它是为生命发展、新人培养而做研究，是对已有理论、实践、经验与教育习俗的改造，是对学校新问题的答案寻找，也是具有教育学意义的创造"[⑤]。因此，在当下的教育改革中，需要面向未来，增强"内

---

①② 叶澜. 回归突破："生命·实践"教育学论纲[M]. 上海：华东师范大学出版社，2015：320.

③ 同①：325.

④⑤ 叶澜."生命·实践"教育的信条[N]. 光明日报，2017-02-21（13）.

生力"。

在理论认识深化的同时，叶澜在实践上也进行创建学校新生活的努力。2018年5月，她提出"新时期'新基础教育'研究再出发"，强调新时期要创造学校新生活。[①]为此，她与全国"新基础教育"共生体学校以"教育与自然的关系"为主题，创造全新的学校四季生活。在一定意义上，她努力和广大中小学教师一道在实践层面探寻"教育的自然之维"和中国式的学校运行机制与节律，回归中国传统文化中教育与自然融通的基本教育传统。

也许，"依教育所是而行，达自然而然之境"才是叶澜提出的"学校新生活"的初心，也是学校转型性变革的最高境界。

（三）课堂教学[②]

1991年，叶澜在上海市普陀区洵阳路小学开展"基础教育与学生自我教育发展"课题研究。她认为：20世纪80年代以来学校中的改革尽管不少，但大多集中在教材、课堂组织形式等方面，且推广力度不够；大部分学校的课堂教学活动还停留在教师讲、学生听的层面；学生主动活动少，教师作为知识传递者的课堂角色基本保持不变。针对这一现实，叶澜决定将学校实践变革的重点放在课堂教学上。当时主要结合语文学科进行课堂教学的模式改革，突出了教学内容的知识结构和学习活动的过程结构，尝试增加学生主动活动时间，改变教师课堂教学行为结构和组织结构。这些变革为"新基础教育"研究形成系统教学理论和实践体系奠定了基础。

1994年，"新基础教育"研究进入探索性阶段，语文、数学、英语课的教学改革成为核心内容。这在当时需要极大勇气，试图"走出一条在不否定

---

① 叶澜.探教育之所"是"，创学校全面育人新生活——新时期"新基础教育"研究再出发[J].人民教育，2018（13/14）：10-16.
② 第一章从教育基本理论的视角对叶澜的"教学"概念进行了阐述，此处主要从"新基础教育"研究中课堂教学实践改革的视角进行分析。

和不回避升学考试前提下，改变学校教师传统教育观念和教育行为的教学改革之路。不再简单地做加减法，不把学生的主动发展、全面素质的提高与考试成绩对立起来。……如果我们在语、数、外三门升学考试最看重的学科上能实现课堂教学的系统改革，就足以说明'新基础教育'的课堂教学改革是可行的，其他学科只要愿意投入同样是可以成功的。我们知道这是一场艰难的攻坚战"[1]。"唯有在课堂教学模式的改造上冲出'应试'的控制，形成真正为学生主动发展而教的教学模式，素质教育才算是占领了学校教育的主阵地。我们的实验就是为打这一场'攻坚战'而进行的。"[2]1997年，叶澜在《教育研究》杂志发表《让课堂焕发出生命活力——论中小学教学改革的深化》一文，对传统课堂教学存在的问题进行了更深入的反思，指出"课堂成了'教案剧'的'舞台'，教师是'主角'，学习好的学生是主要的'配角'，大多数学生只是不起眼的'群众演员'，很多情况下只是'观众'和'听众'。……把丰富复杂、变动不居的课堂教学过程简括为特殊的认识活动，把它从整体的生命活动中抽象、隔离出来，是传统课堂教学观的最根本缺陷"[3]。叶澜提出从生命的高度用动态生成的观点看课堂教学，"十分重要的是使每个教师都意识到这一点：课堂教学对他们而言，不只是为学生成长所做的付出，不只是别人交付任务的完成，它同时也是自己生命价值的体现和自身发展的组成。每一个热爱学生和自己生命、生活的教师，都不应轻视作为生命实践组成的课堂教学"[4]。在"新基础教育"研究发展性阶段，叶澜明确提出课堂教学价值观三层次重建论。2006年，叶澜在《"新基础教育"

---

[1] 叶澜，李政涛，等."新基础教育"研究史［M］.北京：教育科学出版社，2010：164-165.

[2] 叶澜."面向21世纪新基础教育"探索性研究理论纲要［M］//叶澜."新基础教育"研究探索性研究报告集.上海：上海三联书店，1999：33.

[3] 叶澜.让课堂焕发出生命活力——论中小学教学改革的深化［J］.教育研究，1997(9)：4-5.

[4] 同③：5.

论——关于当代中国学校转型性变革的探究与认识》一书中系统阐述了自己的教学理论。①

1. 课堂教学价值

当前我国学校教学实践中生命价值缺失，是因为大部分教师对教学价值的理解停留在知识传递上。"这样的教学价值观忽视了一个基本事实：课堂教学是教师和学生共有的人生中的重要生命经历，是他们个体生命的有意义的构成部分。对于学生而言，课堂教学是其学校生活的最基本构成，它的质量直接影响学生当下及今后的多方面发展和成长；对于教师而言，课堂教学是其职业生活最基本的构成，它的质量直接影响教师对职业的感受与态度、专业水平的发展和生命价值的体现。总之，课堂教学对于参与者具有个体生命价值。"②

叶澜提出的新教学价值观有三重结构：

一是教学共通价值观。课堂教学要从单一传递教材中的知识转向培养主动、健康发展的时代新人，每个教师和每门学科的课堂教学都要努力实现"教书"与"育人"的真正融合。学科、书本知识在课堂教学中是"育人"的资源与手段，服务于"育人"这一根本目的。"教书"与"育人"不是两件事，而是一件事的不同方面。同时，"育人"并非我们通常所指的思想、道德品质教育，而是指教育对于学生作为人的多方面发展需要的关注和养成，说到底是育人生命发展之自觉。今日中国的中小学教育，应把形成学生主动、健康发展的意识与能力作为核心价值，并在教育的一切活动中体现，课堂教学不仅不能例外，更是一个主要领域。

二是学科教学价值观。教师要对自己所教学科对于学生发展的独特价值

---

① 叶澜."新基础教育"论——关于当代中国学校变革的探究与认识［M］.北京：教育科学出版社，2006：239-268.

② 同①：248.

有清晰的认识，努力开发自己所教学科的育人价值，激活学科知识生命力，使其与学生生命、生活、现实生活世界建立起内在联系。同时，教师需要深入研究学生成长需要与具体学科教学的关系，认真分析学科对于学生成长独特的发展价值。

三是课堂教学设计中价值观的具体综合。这是将上面两个层面的教学价值观落实在教师的教学策划中，包括学科教学的整体策划和每一节课的教学设计两大方面。在学科教学的整体策划方面，强调对学科教学内容整体性的重组和加工。首先，将知识按结构关系进行重组。其次，将结构化后的以符号为主要载体的书本知识重新"激活"，实现书本知识与人类生活世界的沟通、书本知识与学生经验世界及成长需要的沟通、书本知识与发现发展知识的人和历史沟通。在每一节课的教学设计方面，需要将每节课的教学内容与教学过程的事先策划结合起来，构成"弹性化的教学方案"，从而为真实课堂教学过程的"动态生成"创造条件和留有空间。

2. 课堂教学过程

"如果说，课堂教学价值观的重建，是为了弄清什么是当今中国学校课堂教学所要追求的最有价值和最为根本的目标；那么，课堂教学过程观的重建，则要回答在价值观认定以后，教师需要怎样重新认识课堂教学的过程，并如何以新的过程观为指导，去创建新的课堂教学实践，实现新的价值观由理想向现实的转化。"[①]为此，叶澜对以赫尔巴特为代表的传统教学论、以杜威为代表的现代教学论和后现代教学论及其对我国中小学课堂教学实践的影响进行了系统分析与批判[②]，认识到"已有教学理论传统之长，深入实践主根之深，形式硬壳之坚，传习的可接受性之强，都使今日教学改革面临着

---

① 叶澜."新基础教育"论——关于当代中国学校变革的探究与认识[M].北京：教育科学出版社，2006：258-259.

② 同①：259-261.

强劲的真实'对手',教学改革要改变的不只是传统的教学理论,还要改变千百万教师的教学观念,改变他们每天都在进行着的、习以为常的教学行为。这几乎等于要改变教师习惯了的生活方式,其艰巨性就不言而喻了"①。通过分析,叶澜聚焦于三个问题:如何认识课堂教学过程不可取代的基本任务?如何认识课堂教学过程不可缺失的基本元素及其关系?如何认识课堂教学的过程逻辑?

对于课堂教学过程的基本任务,"这个问题说到底,是人在'日常情境中的学习成长'与'教学过程中的学习成长'的关系问题。……在传统的教学观和教学实践中,教学任务被直接规定为传递人类社会所积累的系统文化知识和形成学习知识的技能、技巧……立足于'新基础教育'的课堂教学价值观要通过教学过程来实现,我们把教学过程的基本任务定位为:使学生努力学会不断地从不同方面丰富自己的经验世界,努力学会实现个人的经验世界与社会共有的'精神文化世界'的沟通和富有创造性的转换,逐渐完成个人精神世界对社会共有精神财富具有个性化和创生性的占有;充分发挥人类创造的文化、科学对学生'主动、健康发展'的教育价值"②。

对于课堂教学过程的基本元素及其关系,叶澜认为教师、学生、教学内容是课堂教学过程不可缺失的三个基本元素,三者间的关系一直存在"教中心""学中心""教师主导、学生主体"等各种争论。在她看来,"只要我们还在讨论'教'与'学'谁决定谁,或者究竟谁是主导,那么,在本质上就没有跳出传统教学过程观的认识框架"③。其实叶澜在《教育概论》中讨论教育的基本要素时,就提出过教育者与受教育者"互为主客体"和三个基本

---

① 叶澜.让课堂焕发出生命活力——论中小学教学改革的深化[J].教育研究,1997(9):3.
② 叶澜."新基础教育"论——关于当代中国学校变革的探究与认识[M].北京:教育科学出版社,2006:262-264.
③ 同②:267.

要素关系的特殊性是"主客体复合性"的观点。[①]其讨论的重点放在如何理解"复合"上，提出对三者关系的认识不能满足于"一方""另一方"的分析，还要寻求其统合，从"教"与"学"是不可分割的角度去认识作为整体的教学过程要素的内在关系。可以看出，由于当时叶澜没有摆脱传统割裂式思维方式的局限，因此她还没有把握这种复合关系的实质。后来，叶澜接触复杂科学有关复杂思维的理论后，其方法论和思维方式有了明显改变，尝试用关系思维、转化思维重新认识课堂教学过程基本要素之间的关系。对此，她曾反思道："我又逐渐认识到，教育中的师生关系不能以'人'与'物'在实践中的主客体关系模式来认识，否则，就会陷入把'一方'当作'物'来操作的危险。认识教学中的师生应有前提性转换，应走出'主体—客体'的'人—物'关系模式，走向以'人'与'人'之间在实践中的交往，即主体间性的模式来认识。"[②]但"要使师生在教学过程中真正建立起特殊的'人'—'人'关系，就要把师生的教学活动当作有机整体，而不是将'教'与'学'各作一方来处理；就要把教学过程看作是师生为实现教学任务和目的，围绕教学内容，通过共同参与、对话、沟通和合作等一系列活动，产生交互影响，以动态生成的方式推进教学活动的过程。换言之，教学过程中师生的内在关系是教学过程中主体之间的交往（对话、合作、沟通）关系，这种关系在教学过程的动态生成中得以展开和实现"[③]。

从上述观点，可以看出叶澜重建课堂教学的过程逻辑，即重建分析教学过程的基本单位，将"教学"看作是不可分割的、具有内在关联的基本分析单位。"将'教学'视作一个基本分析单位，是认识教学的方法论，从'分析'走向'综合'、从'元素'走向'关系'的第一步，是走出传统的以

---

① 叶澜.教育概论[M].北京：人民教育出版社，1991：12-15.
② 叶澜."新基础教育"论——关于当代中国学校变革的探究与认识[M].北京：教育科学出版社，2006：267.
③ 同②：268.

'教'概'学'和反传统的以'学'概'教'的两种结论相反、思维方式相同的误区的关键性一步。"①当将"教学"当作一个不可分割的基本分析单位时，教师的教和学生的学的关系格局就发生了变化，即双方是在交互作用中形成相互规定、相互纠缠、相互锁定、相互转化的有机的行为整体。"至此，我们可以将'教学'作为认识教学过程的分析单位的内涵与特征概括地表述如下。①作为教学过程分析单位的'教学'，是指教与学在有目标的交互作用中实现双方相互规定，通过相互规定对方的行为方向与策略，形成双方活动的有机化，完成由教与学向'教学'转化与生成的一个相互独立和完整的过程。这个过程可以简称为'动态生成'过程。②课堂教学过程是由若干个机制相同，目标、内容和结果相关联但不相同的分析单位组成的。作为分析单位的'教学'的共性是内部呈现的关系、性质与形态，是形成教学关系的机制等方面的相同，即是形式意义上的抽象的同质，而不是内容等具体意义上的同质。③正是不同的'教学'分析单位既同质又差异关联的特征，使不同内容的分析单位在教学过程中的连续、相关出现，成为师生共同为实现教学目标创生、推进教学的过程，使'教学过程'呈现出全程意义上的'动态生成'的特质。"②

具体而言，课堂教学的过程逻辑，其基本形态包括有向开放、交互反馈与集聚生成。这三个相互区别又关联的步骤在实践中，既有其基本规定性，又具灵活组合的可能。③"教学是师生共同推进的过程，教师与学生、教与学是课堂教学中不可分割的整体组成。当前，需要改变对教学认识上的简单化思维方法。师—生、教—学不是主次、中心和边缘的关系，而是协同依存、交互反馈的合作共生关系。没有学的教构不成教学；没有教的学是学

---

① 叶澜."新基础教育"论——关于当代中国学校变革的探究与认识[M].北京：教育科学出版社，2006：268-269.
② 同①：270.
③ 同①：273-274.

习，不是教学。教学必然要有教，但教学的教要转化为学，教学要研究这一转化的内在逻辑。"①

除了对课堂教学过程认识的重建，叶澜还推进了课堂教学实践的重建。"新基础教育"研究推进课堂教学改革的第一步从"还"字做起："还时间"，保证每个学生在课堂上至少有1/3的主动活动时间，逐步向2/3的主动活动时间过渡；"还空间"，改进课堂教学组织形式，允许学生在学习过程中根据需要变动位置和朝向，而不是固定在一个位置上；"还工具"，促进教学内容结构化，教会学生学习结构并掌握、运用结构，逐步实现主动、独立学习；"还提问权"，让学生在预习、独立思考基础上提出自己想问的各种性质和类型的问题；"还评价权"，包括自评与评他，发表感受、提意见、补充发言、表扬与建议等。这"五还"逐步使教师将课堂教学重心下移，激活了学生，增强了学生的课堂教学参与度，促进了各类教学资源的产生。这紧接着产生的问题是：学生"活"以后，教师怎么办？为此，进入课堂教学改革第二步：如何在课堂教学过程中实现师生积极、有效和高质量的互动？这意味着在"还"的基础上，达到"多元多向互动"。为此，叶澜带领团队进一步研究，从三个方面要求和帮助教师：一是加强课前教学设计的弹性化设计，使教师在课前认真解读教材和学生，基于深入的教材分析和对学生前在状态、已有状态、潜在状态的分析，确定弹性教学方案，在充分预设基础上为课堂教学中学生的生成预留空间并对学生的可能生成有所预设，做到对教材、学生、可能的过程娴熟于心；二是要求教师上课时学会聆听学生，做到从不同维度、不同层次"听懂"学生，并对学生的发言做出适切的判断与回应（评价、追问、启发、归类、重组、提升、反馈等），通过师生间多维多向的立体互动，推进教学过程；三是加强课后反思与研究，培养教师积极、主动开展"他向学习"和"我向学习"的习惯，尤其是不断提升教师的

---

① 叶澜."生命·实践"教育的信条[N].光明日报，2017-02-21（13）.

"现场学习力",让他们分析课堂教学中的优点、问题,寻找重建和改进的方案和空间。

上述实践探索使叶澜进一步形成了关于课堂教学过程动态生成的认识:(1)教学过程中,教师不仅要把学生看作"对象"和"主体",还要把他们看作教学资源的重要构成者,学生是课堂教学"活资源"的生成与呈现者;(2)教师在教学过程中的角色,不仅是知识的呈现者、对话的提问者、学习的指导者、学业的评价者、纪律的管理者,还是资源的捕捉者、重组者、提升者和反馈者。这实际上是对教学过程中教师、学生角色与任务的重建。

3. 课堂生活

上述有关课堂教学的实践探索与理论研究在"新基础教育"研究的发展性阶段基本成熟,但叶澜仍不断对课堂教学的价值与过程进行"再认识",提出新观点。在她看来,"事物的发展总是在无序—有序的不同层次转换中实现"[①]。她进一步提出,课堂教学"是师生在课堂上的共同生活(简称课堂生活),不同于将教学转化为日常生活,或类日常生活式地进行教学,要求将教学回归生活的主张。也不是仅指专属在教学中如何处理书本知识与日常生活、学生经验的关系,以提高书本知识学习实效等方面的主张。尽管这些都可能成为课堂生活的构成。本人所指的课堂生活是属人类生活实践总体中的一种生活。它是因实现教育教学的目标,参与者以不同于日常生活中的身份——教师与学生,承担着合作完成任务的责任,因而成为人类生活,也是参与者个人生命历程中独特的生活类型,留下无可替代的生命体验。教师和学生的学校生活大量在一节节课中度过。他们在其中创造和收获,感受成功的喜悦,经受失败的挫折……这是课堂生活给予'在其中者'心灵的终身馈

---

① 叶澜.课堂教学过程再认识:功夫重在论外[J].课程·教材·教法,2013(5):4.

赠。本人之所以强调课堂生活的特殊性是为了说明：不只是学科有育人价值，而且课堂教学本身内含着育人价值，教师需要提升与学生一起创造丰富而有意义的课堂生活的自觉。为此，最重要的是在课堂教学中，教师要全身心地真诚投入，给予学生出自内心的关注与帮助，做出友善而清晰的表达，展现出敬业的精神和高质量的专业水平、灵动的智慧与个性的魅力。但是不需要教师做戏剧性的表演，呈节目主持人的姿态。教学生活是师生为自身发展共同创造的生活，不是为别人的展示和演出。真实是课堂生活的灵魂，师生在过程中的成长是其最动人悠长的旋律。……师生在课堂上的各种交往，是有目标指向的、富有精神长成意义的交往。教师不仅要在教学设计前研究学生，更要学会在课堂上读懂学生，乃至在一切与学生共处的过程中，在学生的作业和行为表现中读懂学生"[1]。

由此，叶澜旗帜鲜明地提出了课堂生活观，对其特殊性、育人价值进行了阐述。丰富多彩、富有生命活力的课堂生活成为校园新生活的重要组成部分，成为"教天地人事，育生命自觉"的重要组成部分，就像她所说的那样："学校的一切活动，若都能用创造学校新生活的理念去开展，师生真正成为学校生活的主动创造者，那么，无论是教师还是学生，都会在学校生活中实现生命的成长。"[2]

---

[1] 叶澜.课堂教学过程再认识：功夫重在论外[J].课程·教材·教法，2013(5)：12.
[2] 叶澜.回归突破："生命·实践"教育学论纲[M].上海：华东师范大学出版社，2015：325.

（四）学生工作[①]

1991年，叶澜在《教育概论》中提出："活动是人发展中的决定因素，但影响的大小随活动本身的质量与数量、目标与主体发展水平的相差度、主体在活动中的自主性及其活动的成效等方面的变化而变化"[②]，"学校应精心设计有利于主体发展的各种活动，使受教育者通过活动实现发展，教育者则通过活动指导，影响受教育者的发展"[③]。可以看出，这一时期叶澜在理论上已经认识到社会实践活动、学校活动等对于学生发展的重要价值。随后，在上海市普陀区洵阳路小学开展的"基础教育与学生自我教育能力发展"课题研究中，为了验证上述活动对学生发展的影响，她专门开展了"如何改造班队活动及班队内部的组织方式，使它有利于学生自我教育能力的发展"的实践研究，尝试让更多学生参与到班级管理中来，激发学生在组织与管理方面的潜能，提出了"把班级还给学生"的主张，加大学生自主活动的广度和力度。

在"新基础教育"研究的探索性阶段，叶澜再次强调建立新的学生观和新的教育活动观，前者认为学生具有发展的潜在性、主动性和差异性，后者认为教育活动具有综合渗透性等等。然后，她开展"班级建设模式"改革，建立小干部轮换制、班级岗位制、小班主任制等，使每个学生参与班级管

[①] 学生工作是"新基础教育"研究中与学科教学并列的一大领域，在探索性阶段和发展性阶段，这一领域主要由华东师范大学李晓文教授、卢寄萍副教授负责，进入成型性阶段后主要由华东师范大学李家成教授负责。因此，叶澜有关学生工作相关概念的创生是在与李晓文、李家成等人的合作中开展的，包含了他们二人尤其是李晓文教授的创造和智慧。李晓文有关学生工作的理论与实践研究可以参阅其专著《学生自我发展之心理学探究》（教育科学出版社2001年版）和《青少年发展研究与学校文化生态建设》（教育科学出版社2010年版）等，李家成有关学生工作的理论与实践研究可以参阅其与王晓丽、李晓文合著的专著《"新基础教育"学生发展与教育指导纲要》（广西师范大学出版社2009年版）和独著的专著《班级日常生活重建中的学生发展》（福建教育出版社2015年版）等。

[②] 叶澜.教育概论[M].北京：人民教育出版社，1991：234.

[③] 同②：238.

理,体验不同角色,发挥个人特长。这一时期的学生工作变革主要涉及班干部培养、班级组织建设和班级文化建设的实践探索,而对学生工作的专门理论研究还较少。

在"新基础教育"研究的发展性阶段,叶澜的研究团队加强了关于班级建设的理论研究[①],还进行了关于学生自我发展的心理学探究[②],为学生工作变革提供了理论支持。

叶澜认为,学生工作和课堂教学同等重要,学校的整体转型中包括学生工作的转型。叶澜在"新基础教育"研究中推动的学生工作变革体现在两个方面:班级建设与综合活动。

1. 班级建设

班级是伴随着古代教育向近代教育转型和近代新型学校的出现而产生的。关于班级的研究,最初除了涉及如何组建外,大多集中于课堂教学的管理,后来逐步关注它作为有组织的群体所内蕴的教育力量。但是,"大多数研究又将班级建设理解为班级的建设,因此,或者把班级建设的研究局限在课堂教学的范围之内,或者把课堂教学中的各种互动研究与班级其他的活动(包括班会、课外活动、劳动等)都看作是班级建设。这两种认识在事实上依然没有把班级建设当作相对独立的学校实践领域来认识,而是当作各种学校活动或由学校班级组织的校外活动的间接的、隐蔽的、附属的一面来认识和研究。以往的教育学的研究存在的另一个问题是常常把班集体的建设,或放在德育范畴内,作为德育的途径,或放在班主任工作及学生集体的领域之中,作为一项学生管理和形成理想集体的任务来研究……似乎教学只是为智育服务,与德育无关。德育则由几项专门工作来完成。上述认识造成的消极

---

① 李家成,卢寄萍."新基础教育"班级建设改革研究报告[M]//叶澜."新基础教育"发展性研究报告集.北京:中国轻工业出版社,2004:182-206.
② 李晓文.学生自我发展之心理学探究[M].北京:教育科学出版社,2001:1-32.

后果是把班级集体建设简化为一种工作任务，主要由班主任承担。在实践中，班主任常常又是担任基础性学科教学的教师，这项工作易被视作大量教学工作之外的额外负担，其重心也多半放在学生的管理上"①。

基于上述反思，叶澜对"班级建设"这一概念的内涵进行了重建："班级建设"概念中的"班级"，不只是课堂教学的基本组织形式，还是学校各项教育活动组织的基本单位。"'新基础教育'将'班级'看作因学校行政划分而处于同一个班的学生组成的同伴群体。这一群体的成员在同一所学校的学习期间基本不变，他们生活在同一空间，创造着自己的环境，与班上的任课教师因教学而形成直接的师生关系，学生之间因长期的共同活动形成各种正式与非正式的关系，形成带有本班特征的文化、心理氛围。这些都构成班级建设的资源，它会随着班级群体的变化而变化，也是班级建设的结果。因此，'班级'即使作为学校组织，它内含着生长变化的需要与空间，内含着变化发展的可能。'建设'是不断创造着班级内涵与个性的过程。'班级'与'建设'所构成的'班级建设'一词，不是两个词的简单组合，而是作为有着内在联系、相互限定的复合概念来理解。"②在叶澜看来，"相对于'课堂教学'，班级建设是学校教育实践的另一个基本构成。……班级建设则是学生与教师在学校合作进行的，为促进学生社会性和个性健康、主动发展而开展的学校实践，是学生在校社会性学习生活的重要组成。"③。基于这些认识，叶澜在"新基础教育"研究中明确提出了"把班级还给学生，让班级充满成长的气息"的实践主张。

在实践变革上，"新基础教育"研究的班级建设主要从以下三个方面开展探索：（1）加强班级组织建设。变革的主要内容是改变班级干部"终身

---

① 叶澜."新基础教育"论——关于当代中国学校变革的探究与认识［M］.北京：教育科学出版社，2006：293-294.
② 同①：294-295.
③ 同①：295-296.

制"及由此而生的"干部"与"群众"两大分层,变革的主要原则是增强班级组织对学生自我教育的功能,增强不同角色群的人员交流轮换,实行班干部轮换、竞争制度并增设班级岗位,把班级管理和主动参与班级日常工作的权利还给学生,从而增加每个学生的多重角色体验,提升他们作为班级主人的责任感和能力,使他们在相互服务和合作的班级日常生活中实现共同发展。同时,改变评价的形式、标准、频度,把评价权还给学生,使他们在实践、反思、评价的过程中建设群体、发展个性。(2)建设班级文化。不断改进教室环境布置,形成体现尊重与理解、欣赏与互动、独立与合作、竞争与共赢等特征的良好班风和人际关系状态,形成体现独立性、凝聚力、创新活力和竞争实力等特征的班级形象和班级个性。(3)开发系列班级活动。认真研究不同年级学生的心理特征、发展状态和成长需要,以满足和提升学生的成长、发展需要为核心主题,不断构建纵向的年级系列与横向的年度系列活动。

2. 综合活动

叶澜指出:"学科教学和综合活动是学校教育特殊性的体现,是师生在学校承担社会责任的具体表现,也是师生学校生活的基础性构成。"[①]在这里,叶澜将综合活动与学科教学并列。"综合活动的独特在于它是以主题和项目为核心。综合活动与学科教学在教育史上,一直被视为一对矛盾:学科重视基础性,活动则侧重综合性。我们认为两大方面各有教育价值,不是非此即彼的'对头',也不能相互替代。学科教学是基础,为综合活动提供发现、研究新问题的基础能力和保障。综合活动可以打开、跨界,从多个方面切入。学科界限在综合活动中打破,而不是在教学中打破。综合活动的跨界,可突破学科之界、学校行政组织之界、校内外空间之界、学期与假期之

---

① 叶澜."生命·实践"教育的信条[N].光明日报,2017-02-21(13).

界,具有极大的灵活性,是相对自由的天地。综合活动的主题和项目可从多领域多角度切入开展。每项具体活动应更多让学生全程参与、主动承担责任。"①这为"新基础教育"研究中学生工作变革的再突破、再出发提供了新的参照,打开了学生工作变革的新视野和新空间,特别是突破了班级的界限,将学生工作变革与学生生活中可能的各类"综合"联系在一起,使学生工作变革与学科教学变革、学校管理变革以各类"跨界"的方式融通在一起,使学生的学校生活有可能成为一个新的整体,真正创造出属于学生的学校新生活。对于综合活动,叶澜强调:"综合活动不受学科限制,它与学校生活、学生发展的节点和韵律紧密联系。……在某种意义上,综合活动更具有全局性,学科教学分科进行,综合活动则以综合的方式开展系列活动。……'综合活动'是'新基础教育'创造的、有自己独特内涵的概念。通过比较,我再次强调必须认清综合活动的特殊性:它以学生的成长需要为出发点,以主题和项目(不是学科)为活动构架,以学生的全程参与(包括策划、组织和总结交流等)、主动承担责任、产生积极发展效应为开展活动的原则。我们原来关注教育者在教育改革中成事成人,现在还需要关注学生在综合活动中成事成人。师生关系在综合活动中更强调合作、平等,相互欣赏,相互成全。"②

为此,近年来叶澜一直在呼吁和推进中小学构建"自然""社会"与"学生成长"内在相通的综合活动节律,"人与自然存在内在不可分割的联系,自然与我们是最大的生命共同体,宇宙自然是大天地,人是小天地,万物生命同体。人世间最大的'通'是和自然相通。四季轮转是大自然的运行规律,人的生命、生产、生活等多方面的活动,也随四季的律动而变化。……因此,无论从自然变化、万物生长的节律,还是从继承传统的维

---

① 叶澜."生命·实践"教育的信条[N].光明日报,2017-02-21(13).
② 叶澜.探教育之所"是",创学校全面育人新生活——新时期"新基础教育"研究再出发[J].人民教育,2018(13/14):14.

度，节气都应该且可能成为整合学校综合活动最为适宜的系统框架。四季中的二十四节气与学校综合活动的切合点在于学生的生命成长节律和学校生活起承转合的节律之合拍。学校活动的整体规划，应以长时段的'季'为单位，方能形成主题的有机整合"[①]。在此思想的引领下，她指导"新基础教育"合作学校开展以四季大时段为时间轴的综合活动整体策划和实施，"每时段分别以'立春''立夏''立秋''立冬'为起点，以一季中最后一个节气结束为终点。每一个时段的起始时日，学校都要有'送往迎来'的综合活动，以强化生命流转、季节转换的标志意识。……让节气这项中华文化对自然变化节律的伟大认识与创造性表达在学生心目中留下深刻印记，存活在学校生活里。每一季的主题都要与生命成长以及学校生活的节奏相关"[②]。

综观叶澜有关综合活动的思想与实践探索，与她近年关注"社会教育力"（重建教育与社会的关系）、"自然教育力"（重建教育与自然的关系）的教育基本理论研究有关，她力图在当下学校转型性变革中，将当今时代与中国社会发展的主题、因素和大自然季节更替流转中蕴含的文化因素、传统精神转化到学校教育中去，成为学生成长的重要教育资源。

总之，综合活动育人价值和学科教学育人价值的深度开发共同构成了近年及未来"新基础教育"研究持续深化、拓展的关键抓手，也是"生命·实践"教育学理论研究突破的关键切入点。它们共同指向"教天地人事，育生命自觉"的"学校新生活"的建设和"依教育所是而行，达自然而然之境"的教育新境界。

[①] 叶澜. 探教育之所"是"，创学校全面育人新生活——新时期"新基础教育"研究再出发[J]. 人民教育，2018（13/14）：14-15.

[②] 同①：15.

（五）教师

1. 教育变革主体

"主体"是叶澜论及受教育者或学生时的关键词，主体因素、主体内在力量、主体实践等是受教育者或学生实现自我发展的关键因素。转换视角，"主体"也是叶澜论及教育变革及教育变革中校长、教师时的关键词，主体因素、主体内在力量、主体实践等也是校长、教师实现自我发展的关键因素。尤其是，她将教师①当作重要的教育变革主体看待。认识教育变革主体是全面、正确认识教师的前提。

叶澜提出："教育变革主体的构成，可以从他们对教育变革作用的角度，分为利益主体、决策主体和行为主体三大类。"②

教育利益主体主要有两种：一种是以享用教育成果方式体现的利益主体，政府是教育利益主体的首要构成；另一种是在教育变革实践中获得个体发展和社会资本的主体，主要有家庭（家长和受教育者本人）、教育机构相关人员（从事教育工作的教职人员）。

教育决策主体是指对教育变革拥有决定权和策划权的主体。依据作用的大小，教育决策主体可以分为国家和地方最高权力机关的决策主体、中央和地方政府分管教育部门的决策主体，以及相关下属部门与教育机构内部的决策主体。

教育行为主体是教育变革主体中最为基础性和人数最多的主体，由教育领域内居于基层的教育管理人员和教师构成。它与教育决策主体的主要区别是，无变革的行政决策权，但有参与权。然而，作为教育行为主体的教师等一线工作者，既需要执行上级领导部门的决策，又要对自己职责范围内的工作加以决策。这种决策是行政决策不能取代的，是教育行为主体对自身行为

---

① 校长的身份本质上仍是教师，所以后面阐述时不再将校长单列。
② 叶澜."新基础教育"论——关于当代中国学校变革的探究与认识［M］.北京：教育科学出版社，2006：146.

的创造性的策划过程。因此，不能简单地将教育行为主体归结为行政决策的执行者，他们还是自己教育行为的决策者。

就教师而言，如果缺乏对自己教育行为的决策能力，就不能出色地完成任务，也不能使领导决策有效地转化为实践。在教育变革过程中，教师不是机械的操作者和执行者，亦有参与变革的主动性、能动性和创造性。他们虽然处于基层，但作用不容忽视，尤其不能忽视其强大的创造力和发展的可能。否则，教师有可能转化成为教育变革的阻抗者。

2. 对教师的认识

叶澜十分重视教师在教育实践变革中的作用。

（1）教师角色。叶澜的教师研究以教师角色理想重建为起点，强调"当今重建的主体首先是教师自身，尤其在学校教育改革中，教师要主动从传统的角色定位中走出，形成新的角色理想，在自己的教育实践中实现自我更新"[1]。为此，她对中国教师的角色理想经历的漫长历史演变过程进行了回顾梳理，指出对教师职业的认识不能只关注其外在的工具价值，从"教师不是什么"这一维度回答教师的角色问题。叶澜从"教师是什么"和"教师不是什么"的双重维度重构了教师角色。[2]

首先，从教师与变革的关系来看。教师不是上级制度规定的机械执行者，教师是人，是经过长期教育专业培养的人，是有思想的实践者；教师不是他人改革经验的照搬者，而是有发现的研究者；教师不是教育变革实践的操作者，而是有创生能力的变革者。

其次，从教师与学生的关系来看。教师不是为学生燃烧自己的"蜡烛"，而是点亮学生心灯的启蒙者，教师是人，非圣亦非神，教师的价值不

---

[1] 叶澜. "新基础教育"论——关于当代中国学校变革的探究与认识[M]. 北京：教育科学出版社，2006：354-355.
[2] 叶澜. "新基础教育"内生力的深度解读[J]. 人民教育，2016（3/4）：33-42.

仅在于为学生燃烧自己,而且在于点亮学生的心灯;教师不是放任学生自发生长的"牧羊人",而是用人类文明使学生成人的养正者,教师无须过度放任学生,无须无度顺从学生的每一要求,教师要用人文养其正、成其人;教师不是学生成长路线与模式的规定者,而是学生才情、智慧、人格发展不可替代的助成者。

再次,从教师与学科的关系来看。教师不是学科知识的简单传递者,而是学科知识的重要激活者,教师的智慧在于把学科知识激活,使学科内在的生命能量呈现出来;教师不是学科技能的机械训练者,而是学科育人价值的开发者,教师要让学生得到"活"的知识,看到知识创建的过程,懂得知识对于人类、个体的价值与意义;教师不是学科能力的反复宣讲者,而是教育教学实践个性化的创造者,教师需要转换观念,关注学生多方面的发展。

最后,从教师与自我的关系来看。教师不是听任外部环境摆布的被动生存者,而是自主选择职业的责任人;教师不是只需要专业发展的局域人,而是要不断自觉提升德性才智的发展者;教育是群体活动,教师不是群体的依附者,而是善于在群体合作中发挥、发展个性的主动者。

(2)教师专业素养。在"新基础教育"研究的探索性阶段,叶澜对未来教师的专业素养进行过探讨,提出:未来教师应该具有与时代精神相通的教育理念,并以此作为自己专业行为的基本理性支点;未来教师在知识结构上不再局限于"学科知识+教育学知识"的传统模式,而要突出多层复合的结构特征;未来教师具备理解他人和与他人交往的能力、管理能力和教育研究能力。具有教育智慧是未来教师专业素养达到成熟水平的标志。[①]

(3)教师劳动性质。长久以来,人们强调教师职业的工具价值,"对教师职业工具价值的看重和职业性质属传递性工作的判断,作为历史的传统,深深地烙在我国教师的职业意识和形象中;作为历史的传统,它依然存活

---

① 叶澜.新世纪教师专业素养初探[J].教育研究与实验,1998(1):41-46.

在今日的中国，以当代的形式和内容存活着"①。即使是对教师职业的歌颂，"这些歌颂也并未涉及教师职业劳动对教师本人现实生命质量的意义，并未涉及教师能否在日常的职业生活中感受到工作对自己智慧和人格的挑战、对生命发展和生命力展现的价值，感受到因从事这一职业带来的内在尊严与欢乐的满足。所以，这种歌颂并不带来人们对教师像对富有创造性的专业工作人员那般的尊重……教师职业的尊严和欢乐，主要取决于社会公众的外在承认和给予，取决于过程的结果而不是过程本身"②。

叶澜认为，在新的时代对教师职业的认识必须冲破关注外在工具价值的局限，"唯有认识教师劳动的价值在于创造人的精神生命的本质，才能了解不同于传统观念的新型教师职业形象的本质特征"③。"今天，教师的使命是使学生能够适应这个变化的时代，活出生命的意义与价值，实现自己的人生价值，以及他对这个社会尽一个公民的责任"④，"在我看来，教师劳动的创造性由其工作的根本任务在于'育人'，在于促进儿童、青少年的精神生命成长与精神世界丰富所决定。它需要教师对多种知识实现多层次创造性的开发、转换、复合才能完成"⑤。就以教学为例，教师需要对教学活动如何展开进行互动式的整体设计，完成设计后还要直面成长中的个体组成的学生群体，在不同、时时变化着的复杂教育情境中进行教学，不断处理、重组教学过程中因为学生积极参与而不断生成的新资源，做出及时的调整、重组与新的策划……这些都须在很短的时间内甚至是瞬间完成。如此复杂的过程，要

---

① 叶澜.教育学原理［M］.北京：人民教育出版社，2007：284-285.
② 叶澜.论教师职业的内在尊严与欢乐［M］//中共上海市教育工作委员会，上海市教育委员会.今天我们怎样做老师——上海教育名师讲坛报告集.上海：上海教育出版社，2000：111-112.
③ 叶澜."面向21世纪新基础教育"探索性研究结题总报告［M］//叶澜."新基础教育"探索性研究报告集.上海：上海三联书店，1999：31.
④⑤ 叶澜.散论"教师"［M］//叶澜.俯仰间会悟：叶澜随笔读思录.北京：中国人民大学出版社，2019：121.

求教师不但具备学科知识、教育学知识，还要有经验，更要有理念与智慧、实践与反思、重建与更新，只有这样才能使课堂教学的创造过程成为学生的生命成长过程，也成为与人类自身发展直接相关的教育学知识的积累、创生过程。教师的工作是一种为了人的生命发展而进行的创造。"没有教师的创造性劳动，就不可能有新的教育世界。教师只有将创造融入自己的教育生命实践，才能体验这一职业内在的尊严与欢乐。"①

因此，创造才是教师职业劳动的本质，在教育实践变革中需要把创造还给教师，让教育充满智慧的挑战，把精神生命发展的主动权还给师生，让学校充满勃勃生机。叶澜说："对教师劳动的性质有许多很深的误区，如仅视之为服务、传递知识等。我们提出：教师是点化人之生命的教育活动的责任人。'点'是点拨、开启，不是直接告知，这需要智慧；'化'是转化。……教师没有任何理由因自己从事工作的性质而自卑。教师平凡但不庸常。自尊自爱是教师发展的心态前提。"②

（4）教师发展。在"新基础教育"研究中，叶澜意识到"即使教师教育能成功培养出新型教师，教育改革也不可能在完成了教师更替以后再进行。探索性阶段在教师问题上给我们最大的启示是，学校教育变革实践的本身必会涉及和推进教师发展，什么样的教育实践会造就什么样的教师"③。那么，如何理解教师发展？叶澜指出："在（'新基础教育'）五年的发展性研究中，我们得出的第一个认识是，教师发展不能只局限于专业发展。首先需要重新认识的是教师作为一个真实、具体的人，他的生命价值实现与自己所从事职业的关系。这关系到教师作为个人的发展问题。正是在这一点上，我们把'新基础教育'追求的生命价值，贯穿到每一个参与学校教育实践的人

---

①② 叶澜."生命·实践"教育的信条[N].光明日报，2017-02-21（13）.
③ 叶澜.世纪初中国基础教育学校"转型性变革"的理论与实践[M]//叶澜."新基础教育"发展性研究报告集.北京：中国轻工业出版社，2004：28.

身上。"①这其实是上述突破教师外在工具价值认识的自然延续,强调关注教师在职业生涯中的生命质量,"只有当教师感到自己是一个真正自主而又理智、积极向上的人的时候,他才能够以这样一种心态去直面学生、关注和培养学生"②。在这一意义上,叶澜关于教师发展的认识突破了几乎成为人们共识的"教师专业发展"的概念框架,形成了教师作为个体的人、作为社会角色以及作为承担学校具体教育教学工作的人,在学校转型性实践中实现教育观念与行为的转型、实现自我更新这样一个由多层面构成的更为丰富的教师发展观。

叶澜提出了教师实现自身发展需要努力的几个方面:①结合自身的教育教学实践,养成学习和思考的习惯,提高自己对时代变化、学生状态和教育变革的敏感性和研究兴趣;②有探索、创造的勇气和体悟、反思自身改革实践的能力;③清理自己头脑中根深蒂固并已转化为行为习惯的传统教育观念,更新教育观念,并在自己的教育实践中,使新教育观念与教育行为的转变实现统一;④提高形成新的教育经验的自觉性,逐渐养成推进教学改革和班级建设所需要的新基本功和习惯。这几点勾勒出了教师实现自我更新,沿着打开视野、转变观念、探究实践、反思体悟、转变行为、提升能力、更新习惯行进的基本路线。③

(六)研究性变革实践

从严格意义上说,研究性变革实践属于教师发展的范畴,叶澜将其作为教师发展的基本路径。但它也是学校整体转型的基本路径,还涉及教育学研究中"理论与实践的关系"这一老问题。

"新基础教育"研究与教育行动研究等不同,它坚持"理论适度先行",

---

① 叶澜.世纪初中国基础教育学校"转型性变革"的理论与实践[M]//叶澜."新基础教育"发展性研究报告集.北京:中国轻工业出版社,2004:28.

②③ 同①:29.

强调理论与实践的双向建构。这样的研究前无参照。对此，叶澜反思后认为："对于我本人而言，它并不是驾轻就熟的路线，而是一次真正的挑战……回望15年的研究历程，我更为清晰地认识到，'新基础教育'研究的价值取向、目标、任务，决定了它不可能用简单的'理论+实践''理论指导实践'或者是'从经验到理论''从理论到经验'，这样一些理论与实践单向、外在关联方式来完成。它需要建立起两者更为丰富的关系，需要在一系列转换过程中，实现新理论与新实践的建设。这是一个理论与实践相互依赖、锁定、孕育、碰撞、建构、生成的动态过程，也是一个充满问题、挑战，困惑、发现、突破、兴奋、苦恼、焦虑、体悟、满足的探究过程。……正是这样一段可称为刻骨铭心的创生性的研究经历，使我从对教育研究中理论与实践关系肤浅的、教条式的认识中走出，实现了自己学术生命发展中的一次重要的研究路径的转换。"① 这里所提及的"研究路径的转换"指的是叶澜在"新基础教育"研究中所形成的研究性变革实践。

叶澜将研究性变革实践界定为"（教育理论研究者与教育实践者）两类主体沟通，理论、实践交互生成的实践形态"②。与以往学校日常进行的教育实践相比，研究性变革实践最主要的特点表现在以下四个方面：（1）研究性变革实践是内含变革理论的实践。这是从实践内涵变化的角度看研究性变革实践的特质。"新基础教育"研究要求教师在参与学校研究性变革实践中，不仅要行动，而且要努力学习相关理论，理解与领悟这些理论，认识它们与传统的、已经成为自己头脑中的个人理论的差异乃至冲突，从而产生改变自己头脑中的观念和外在行为的需求和行动。（2）研究性变革实践是教师超越自己经验的、具有更新指向的实践。这是从功能角度看研究性变革实践的特质。"新基础教育"研究强调教师对日常教学开展基于新理论参照系的反思，将理论指导下的研究渗透于日常实践之中，从而不断更新、重建自己的旧理

---

① 叶澜，李政涛，等."新基础教育"研究史［M］.北京：教育科学出版社，2010：177.
② 叶澜.大学专业人员在协作开展学校研究中的作用［J］.中国教育学刊，2009（9）：5.

念和旧实践。(3)研究性变革实践是创生性实践,指向教师实践中成败原因的分析,且要求在此基础上进行重建。这是研究性变革实践的特质在效果上的显示。"新基础教育"研究中强调的"捉虫"与"喔"效应即要求教师不仅剖析实践中存在的问题及其背后的理念,更强调基于改进建议的再反思、再重建和再实践,从而促进新的教育教学实践形态出现。(4)研究性变革实践是将研究的态度、意向和内容,贯穿到实践全过程和多方面的实践。这是从整体和过程的角度对研究性变革实践的研究性特质的表达。"新基础教育"研究强调教育变革改变的是教育实践及教育实践者,这需要教育实践者用研究的方式去改变自己的实践和自我,这是任何人不能替代的过程。从根本上说,研究性变革实践是教师实现自身发展(成人)、学校实现整体转型(成事)和教育理论与实践实现双向建构的基本路径。

三、教育实践变革思想的主要贡献

20世纪80年代以来,当代中国教育实践变革一波接着一波,研究教育实践变革的人一代接着一代,其中,叶澜的教育实践变革思想具有突破性和典型性。

(一)形成了当代中国学校转型性变革的系统理论

"理论适度先行"和"理论与实践互动生成"是叶澜开展教育实践变革的基本主张,教育实践变革的系统理论建构是其追求的重要目标。首先,表现在她对"当代中国"这一教育实践变革的特殊时空背景和"社会转型"这一特殊社会背景的系统分析上,集中反映在对当代中国的"时代精神"的深入解读,将变革理论扎根于中国广阔的土壤之中,立足中国大地推进教育实践变革。其次,表现在她对当代中国教育实践变革的"元分析"上,如变革的性质、主体、历史脉络、现实状况、推进策略等等。这实质上是对教育实践变革的反思、清思及未来发展路向的透视。最后,表现在她以学校为基本单位的转型性变革理论的系统构建上,涉及学校管理变革与领导发展、学科教学变革与教师发展、学生工作变革与班主任队伍建设等领域的理论,以及基于复杂思想(维)的方法论和研究性变革实践的基本路径等方面。在理论的阐发上,她在赋予一些旧概念(如学校、学校管理、课堂教学、班级等)以新内涵的同时,基于变革实践还创生出了许多新概念(如学校新生活、教师发展、推进性评价、研究性变革实践等)。这些阐发是对中国教育实践变革经验的系统论述。

(二)走出了当代中国学校转型性变革的实践道路

叶澜持续30多年主动深度介入中小学实践变革一线,通过听课、评课、座谈、访谈等,与广大教师、学生面对面交流。在为教师提供学校转型性变革的理论的同时,还开展各种教研活动,将理论转化为学校的日常生活和师生日常生存方式,从而使学校的内在基质与实践形态发生根本转型。这些实践尝试在相当程度上成为当代学校转型发展的中国道路和中国经验。

(三)创生了推进当代中国学校转型性变革的方法论

叶澜不仅研究方法论,还将方法论转化为自己的所思、所言和所行,其方法论思想与实践变革的具体行动不断双向建构、相互滋养。因此,理解叶澜的教育实践变革思想,不仅要看她说了什么和做了什么,更要看她如何说和如何做。《"新基础教育"论——关于当代中国学校变革的探究与认识》等著述中,就体现了她的方法论思想。具体而言,叶澜不是线性、机械推进教育实践变革或追求一劳永逸的某种变革模式,而是不断因时、因势、因事推进"新基础教育"研究,尤其注重将复杂思维融入"新基础教育"研究推进过程之中,创生出"总—分—总""同步设计、差异推进,放大新质、滚动发展""紧盯骨干、放大节点"等三大策略,强调研究设计与推进的整体综合性、理论与实践的交互生成性、成事与成人的内在融通性、各层次各领域及前后阶段的彼此关联性、不同区域不同学校创生的差异独特性、旧质更新与新质生成的迭代生成性、骨干与节点逐步扩展的结构性增值与放大等等。这些方法论思想对教育实践变革具有普遍意义。

第四章 "生命·实践"教育学的概念生成

> "生命·实践"教育学基于实践,又高于实践,是在社会转型时期中国教育改革实践土壤中生长出的新芽。
>
> ——叶澜

自2004年《教育研究》杂志发表《为"生命·实践教育学派"的创建而努力——叶澜教授访谈录》一文至今,已有17年。17年来,叶澜带领团队扎根中小学,开展深度介入式合作研究,走出了一条当代中国教育学重建的"上天入地"的独特道路,形成了以"生命·实践"为理论基因的"生命·实践"教育学派。回顾其核心概念的生成过程将会呈现当代中国教育学重建的一种独特面相,有可能为今后教育理论与实践的新突破带来新启发。

一、"生命·实践"教育学思想的框架与发展历程

(一)"生命·实践"教育学思想的框架

叶澜的"生命·实践"教育学思想是当代中国教育学重建的一次尝试,亦是当代中国教育学理论的典型代表。它源于对"教育是什么""教育学是什么"的持续探寻,聚焦于

对诸多中西方教育学思想、流派的批判性反思和对教育学学科独特性和独立性的确证，受惠于中国文化与传统、马克思主义实践哲学等不同理论文脉滋养，创生于与当代中国学校教育实践变革的互动融通，形成了具有鲜明中国特色的当代教育学的新鲜气象。"生命·实践"教育学思想的框架如图4-1所示。

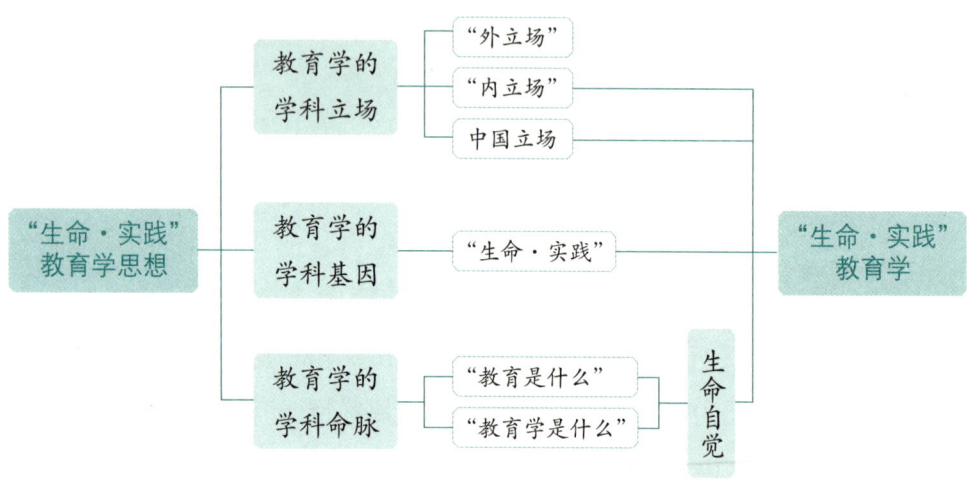

图4-1 "生命·实践"教育学思想的框架

（二）"生命·实践"教育学思想的发展历程

1. 华东师范大学教育学科的学脉传承

所谓学脉，是学术发展的命脉，是由一个学术共同体几代人学术生命铸成的风骨和传统。"生命·实践"教育学派的形成离不开华东师范大学教育学系一代代学人积淀而成的学脉。在一定意义上，这一学派是华东师范大学教育学科学脉上长出的新枝。这里着重提及这一学脉中的四位先生，分别为不同时期的代表性人物：孟宪承先生、刘佛年先生、曹孚先生和瞿葆奎先生。孟宪承先生是中国近代教育学科建设的开创性人物，对教育学科多个研究领域有过重大影响（1933年主编的师范生教材《教育概论》先后印刷29次，可见其影响力），奠定了华东师范大学教育学理论研究的基础。刘佛年先生作为新中国教育学研究的领军人物,从苏联凯洛夫教育学到马克思主义教育学,再到西方教育学研究的各个领域无不涉及,是改革开放新时期中国教育学科发展的开创式推进人物,开引进西方教育思想新风气之先,形成了教育学研究的新局面。曹孚先生则是新中国早期富有批判精神的教育学家,曾在《新建设》(1957年6月号)上发表《教育学研究中的若干问题》,表现出教育学人的铮铮铁骨和对教育学科的使命与追求。瞿葆奎先生于20世纪50年代开创课堂教学实录研究,对课堂教学进行实践研究,"文革"后又做了大量课堂教学研究;改革开放后主编的《教育学文集》(人民教育出版社出版),成为诸多教育学人开展教育学学习与研究的重要参考文献;他还是中国教育学百年研究史的通渠者和中国元教育学研究的创始人。

四位先生的研究在展现华东师范大学教育学科学术根基的同时,也铸成了传承有序的教育学学术传统,那就是:(1)学科发展的担当。他们毕生矢志不渝地从事教育学研究和教育学科建设,都确认教育学是一门独立学科,对不同时期提出的削弱或否定教育学作为独立学科的言论,明晰地表达自己的观点,进行批判、回应,做出教育学人应有的明确回答。(2)严谨扎实的学风。他们强调言之有据、言之有理以及研究的制度化,坚持严格的学术标准。(3)孜孜不倦地汲取。他们的一生致力学习、研究,不断精进,为教育学的创造、发展不断汲取,密切关注国际上学科内外的学术发展思潮,表现出极为广博的人文社会学科素养。(4)密切关注教育实践和教育基本理论问题。孟宪承先生研究过民众教育、成人教育、普通教育,刘佛年先生不断推敲、思考教育理论和实践的关系问题,瞿葆奎先生在20世纪80年代曾分管华东师范大学附属小学的工作,他们共同形成了华东师范大学教育学理论研究的"实践"之根。同时,他们的教育理论研究都强调抓时代问题及教育与教育学的根本问题、核心问题。(5)开辟领域的胆识。他们率先对很多新学科及教育学的新领域进行专题研究,促进了华东师范大学教育学科的持续繁荣。

2. 教育学科"自我意识"的逐步深化

1987年,叶澜在《关于加强教育科学"自我意识"的思考》一文中提出要加速教育科学的发展,并且"把教育科学对自身的研究和认识称为教育科学的自我意识"[①]。自此,教育学科的"自我意识"成为叶澜教育学研究的学术自觉。她开辟了教育学"学科元研究"这一新领域,对当代中国教育学研究的诸多方面展开系统反思、批判,如教育理论与教育实践的关系、教育学的学科性质、教育学科与其他学科的关系、教育学科与社会政治经济的关系、中国教育学与国外教育学的关系、教育学的研究方法论等等。2001年,叶澜在《世纪初中国教育理论发展的断想》一文中,对教育学是一门什么样的学科、将要成为一门什么样的学科以及在发展过程中面临的可能挑战及应对方法等进行了阐述,提出:"在中国,教育理论将与社会改革开放、教育改革的深化同步,需要完成由近代向现代的转型,即实现教育理论形态上的整体转换。要做到这一重要的历史性转换,就需要教育研究人员打破业已形成或趋近僵化的教育理论的框架,去呼吸时代的新精神、感受时代的新需要、学习时代的新工具、发现时代的新问题,以形成新的眼光和视角,重新审视教育本身和关于教育的理论,找出发展教育理论的新方向与新思路。中国的教育理论需要又一次重建式的再生。唯有如此,它才有可能为中国社会和教育事业的发展做出新的贡献,才有可能在新的科学家园中有自己的位置和不可替代的价值。总之,唯有投入到一个新的时代,才能打破过去时代的局限。"[②]为此,她强调关注中国教育理论的原创性,认为:"原创性是指以本国教育发展需要和问题为研究的本源,通过各种不同手段获取原始性素材,或做原始性(相对于'验证性')的研究,进而得出在国内或国际范围

---

① 叶澜. 关于加强教育科学"自我意识"的思考[J]. 华东师范大学学报(教育科学版),1987(3):23.

② 叶澜. 世纪初中国教育理论发展的断想[J]. 华东师范大学学报(教育科学版),2001(1):3.

内富有独特性和创新性的理论（或其他形态的研究成果）。也就是说，中国教育研究的原创性至少是由问题的原发性、研究素材的原始性、结论的独特性和创新性等要素综合构成。它未必一定关涉到学派创建、基本原理的突破等重大研究，但确实要求是从中国这块独特的文化土壤和现时需要中生长出来的'珍品'。"① 2004年，叶澜在《中国教育学发展世纪问题的审视》一文中进一步提出："教育学在一个世纪的发展中走过的曲折和付出的'学费'，换来的最重要的启示就是：要提升教育学科的独立学术品格和力量，教育学界要为此做出持续和艰苦的学术努力。教育学在新世纪发展的方向不应再是以西方为本作前提的'中国化'，而是要创建'中国教育学'。这里的'中国'，其内涵不只是指教育学要从本国的文化传统中找到自己的根，开发其当代价值，也不只是指教育学要以本国的教育实践和教育问题作为发展教育理论之不可或缺之源，而是指中国学者应为教育学发展做出世界性的贡献。教育学的世界宝库中应该也有中国的原创性成果，中国教育学人为此也要为中国教育学界与世界其他国家教育学界交流时能平等对话、交互影响做努力。"②

3. "生命·实践"教育学思想的逐步演进

学派的发展是由学术领袖及其带领的学术共同体建构起来的，其不可缺少的元素是人、基本主张（理论）及相较其他学派或理论流派的独特核心概念。就"生命·实践"教育学派而言，其发展离不开创始人叶澜及其团队对实践的长期介入。

（1）孕育期（1983—1991年）。学派理论的早期萌芽可以追溯到1983年，当时叶澜承担华东师范大学教育系本科生课程"教育概论"的教学（讲

---

① 叶澜.世纪初中国教育理论发展的断想[J].华东师范大学学报（教育科学版），2001(1)：5-6.

② 叶澜.中国教育学发展世纪问题的审视[J].教育研究，2004(7)：16.

稿于1991年在人民教育出版社以《教育概论》之名出版）。此外，1983—1991年，叶澜还开展了一系列理论与实践研究活动，主要研究成果见表4-1。

表4-1　1983—1991年叶澜的主要研究成果

教育理论	教育实践	教育研究方法论	教育学反思
《论影响人发展的诸因素及其与发展主体的动态关系》，《中国社会科学》1986年第3期	1988—1989年，与陈桂生合作主持上海市普陀区中朱学区教育改革（1978—1988年）调查研究，研究成果汇集在《走出低谷——上海市普陀区中朱学区大面积提高教育质量系列研究报告集》（教育科学出版社1992年版）一书中	《南斯拉夫教育科研中的方法论问题》，《外国教育资料》1986年第1期	《关于加强教育科学"自我意识"的思考》，《华东师范大学学报（教育科学版）》1987年第3期
《试论当代中国教育价值取向之偏差》，《教育研究》1989年第8期		与施良方合作选编《教育学文集·教育研究方法》，人民教育出版社1988年版	
《教育两大功能关系之探究》，《教育研究》1990年第1期		《教育研究及其方法》，中国科学技术出版社1990年版	
《学区系统终态变化的整体反思——上海普陀区中朱学区近十年教育实践与经验的研究总报告》，《华东师范大学学报（教育科学版）》1990年第2期			
《教育概论》，人民教育出版社1991年版			

这一时期，叶澜的研究突破主要表现在以下三个方面：

①提出对影响人的发展因素的研究不能停留在生物学水平，即局限于从遗传与环境（教育被看作特殊的环境）的角度去认识，而应提升到"人学"水平上来。叶澜认为：人是具有主观能动性，且能形成自我意识、对自身发展具有策划能力的发展主体；人不仅是发展的主体，而且是影响自身发展的关键因素，在一定程度上，人决定自我的命运；教育应该使人意识到这一

点，教人争做自己命运的主人。

②提出人对自身发展的影响通过人自己的实践活动来实现。人自己的实践，使影响人发展的遗传与环境因素所内含的可能性转化为人的发展现实。人自己的实践，使影响人发展的其他因素从潜在可能经主体选择后成为发展现实的转化力量。人自身的实践在发展中所起的这种决定作用，具有不可替代性。

③开始了教育学的反思性研究，提出教育学科的"自我意识"，开始了教育学学科元研究，提出教育学的基础教育理论研究要"上天"，而在应用研究上则要"着地"。

总体上看，从学派理论创建来说，这一时期的成果略显薄弱，但重要的是确定了新的发展方向，学派的种子已经种下并以整体方式开始孕育。

（2）初创期（1991—1999年）。与孕育期相比，"生命·实践"教育学派的初创期主要有以下三个特点。

一是以学校改革研究与方法论研究为重点。

二是研究的开展，无论是理论还是实践方面，都不再只是由叶澜个人承担，开始由一个理论研究团队与中小学教师直接合作，进入学校实践一线——班级、课堂，进入了"新基础教育"研究的探索期。"生命·实践"教育学研究的团队形态和骨干成员在这个阶段开始形成。

三是从这个阶段开始，相关实践研究已经不只是对现有教育实践的分析，或对已有改革经验的总结与评述，而是在理论，尤其是教育理念和理论参照系适度先行转型的前提下，对学校变革进行探索。

这一时期，叶澜的主要研究成果见表4-2。

表4-2　1991—1999年叶澜的主要研究成果

教育理论	教育实践	教育研究方法论	教育学反思
《时代精神与新教育理想的构建——关于我国基础教育改革的跨世纪思考》,《教育研究》1994年第10期	"基础教育改革与学生自我教育能力发展"课题研究（1991—1994年）	《关于我国教育实验科学性问题的思考》,《教育研究》1992年第12期	主编"'教育学科元研究'丛书",该丛书是叶澜主持的全国哲学社会科学"八五"规划重点课题"教育学科体系的建设与发展"（1995—1999年）的成果,由金林祥、王坤庆、夏正江、李政涛和叶澜分别撰写,共计5册
《世纪之交中国学校教育文化使命之思考》,《教育改革》1996年第5期	"新基础教育"探索性研究（1994—1999年）	《教育研究方法论初探》,上海教育出版社1999年版	
《基础教育与学生自我教育能力发展》,《上海教育科研》1996年第7、8期连载			
《让课堂焕发出生命活力——论中小学教学改革的深化》,《教育研究》1997年第9期			
《新世纪教师专业素养初探》,《教育研究与实验》1998年第1期			
《更新教育观念,创建面向21世纪的新基础教育》,《中国教育学刊》1998年第2期			
主编《"新基础教育"探索性研究报告集》,上海三联书店1999年版			

（3）发展期（1999—2004年）。这一时期,"新基础教育"研究进入第二个五年的生长期（发展性阶段）,横向区域和学校进一步扩展,纵向改革理论核心研究进一步深化;"新基础教育"研究提出的理念、基本观念逐渐转化为学校实践者对其教育行为有影响力的话语系统,出现了理论人员与实践人员在参照系和话语系统上的可沟通性与一致性。理论与实践的双向建构

与互化，成为"新基础教育"研究人员自身成长意义上的一个新传统。这一时期，叶澜的主要研究成果见表4-3。

表4-3　1999—2004年叶澜的主要研究成果

教育理论	教育实践	教育研究方法论	教育学反思
《把个体精神生命发展的主动权还给学生》，见郝克明主编《面向21世纪我的教育观·综合卷》，广东教育出版社1999年版	"新基础教育"发展性研究（1999—2004年）	《思维在断裂处穿行——教育理论与教育实践关系的再寻找》，《中国教育学刊》2001年第4期	《世纪初中国教育理论发展的断想》，《华东师范大学学报（教育科学版）》2001年第1期
《论教师职业的内在尊严与欢乐》，《思想·理论·教育》2000年第5期			《中国"教育理论"研究状态与发展趋势概述（1995—2000）》，内部资料
《在学校改革实践中造就新型教师——〈面向21世纪新基础教育探索性研究〉提供的启示与经验》，《中国教育学刊》2000年第4期			主编《中国教育学科年度发展报告》（2001—2005年），共5册，上海教育出版社出版；撰写各册报告中的"总论"
《试析中国当代道德教育内容的基础性构成》，《教育研究》2001年第9期			
《重建课堂教学价值观》，《教育研究》2002年第5期			
《重建课堂教学过程观——"新基础教育"课堂教学改革的理论与实践探究之二》，《教育研究》2002年第10期			
《实现转型：新世纪初中国学校变革的走向》，《探索与争鸣》2002年第5期			
《教育创新呼唤"具体个人"意识》，《素质教育大参考》2003年第4期			

续表

教育理论	教育实践	教育研究方法论	教育学反思
《改革课堂教学与课堂教学评价改革——"新基础教育"课堂教学改革的理论与实践探索之三》（与吴亚萍合著），《教育研究》2003年第8期			
主编"'新基础教育'发展性研究丛书"，共3册，中国轻工业出版社2004年版			
《世纪初中国基础教育学校"转型性变革"的理论与实践——"新基础教育"理论及推广性、发展性研究结题报告》，见《"新基础教育"发展性研究报告集》，中国轻工业出版社2004年版			

这一时期学派理论研究的重点在于把上一阶段提出的教育学原理性观念，转化为指导学校最基本的每天都要进行的具体实践——课堂教学的观念与理论，由此提出了"新基础教育"研究在应用层面上的"三观"——课堂教学的价值观、过程观与评价观，提出了"研究性变革实践"概念。这一时期"新基础教育"研究的目标不仅是实践的改变，更指向与教育实践密切相关的"人"，提出了四个"还给"："把课堂还给学生，让课堂充满生命活力；把班级还给学生，让班级充满成长气息；把创造还给教师，让教育充满智慧挑战；把精神发展的主动权还给师生，让学校充满勃勃生机。"① 同时，对"教育中的人"有了新的认识，提出了"具体个人"概念，认为："要承认人的生命是在具体个人中存活、生长、发展的；每一个具体个人都是不可

---

① 叶澜."新基础教育"推广性研究教师指导用书（初中部分）[M].上海：上海三联书店，2000：6.

分割的有机整体；个体生命是以整体的方式存活在环境中，并在与环境一日不可中断的相互作用和相互构成中生存与发展；……具体个人是既有唯一性、独特性，又在其中体现着人之普遍性、共通性的个人，是个性与群性具体统一的个人。"① 这是"生命·实践"教育学派关于生命的重要基础性认识。

此外，叶澜领衔的学术共同体在2001年底的一次内部学术沙龙中，正式提出了创建学派的想法；在2003年6月8日、7月1日召开了两次关于学派建设的内部小型研讨会；在2003年12月25日的内部学术沙龙中，正式确定以"生命·实践"作为学派的名称。

（4）成形期（2004—2009年）。成形期是"生命·实践"教育学派内核的形成时期。它内含着两个方面的"成"：一是"新基础教育"研究自2004年秋季学期始，进入了为期五年以形成新型学校为直接目标的新阶段，称为成型性阶段；二是2004年《教育研究》第2期发表《为"生命·实践教育学派"的创建而努力——叶澜教授访谈录》一文，向学界明确表明创建学派的意向。该文的发表开启了"生命·实践"教育学派的成形期。这一时期，叶澜的主要研究成果见表4-4。

表4-4 2004—2009年叶澜的主要研究成果

教育理论	教育实践	教育研究方法论	教育学反思与学派建设
《21世纪社会发展与中国基础教育改革》，《中国教育学刊》2005年第1期	"新基础教育"成型性研究（2004—2009年）	《当代中国教育变革的主体及其相互关系》，《教育研究》2006年第8期	《中国教育学发展世纪问题的审视》，《教育研究》2004年第7期
《试论当代中国学校文化建设》，《教育发展研究》2006年第8A期	华东师范大学"新基础教育"研究中心成立揭牌（2009年5月17日）		主编《二十世纪中国社会科学·教育学卷》，上海教育出版社2005年版
《"新基础教育"论——关于当代中国学校变革的探			

---

① 叶澜."新基础教育"发展性研究报告集[M].北京：中国轻工业出版社，2004：19-20.

续表

教育理论	教育实践	教育研究方法论	教育学反思与学派建设
究与认识》，教育科学出版社2006年版			主编"'生命·实践'教育学论丛"，共4辑，广西师范大学出版社出版
《教育概论》（修订版），人民教育出版社2006年版			
《学校转型性变革中的评价改革——基于"新基础教育"成型性研究中期评估的研究》（与李政涛、吴亚萍合著），《教育发展研究》2007年第4A期			
主编"'新基础教育'成型性研究丛书"，共7册，广西师范大学出版社2009年版			

从上表可以看出，"新基础教育"研究在整体上呈现深化的趋势。这一时期，叶澜在《"生命·实践"教育学引论》一文中，对"生命""实践"及其关系做了概括、提要式的解释，并由此引出"生命·实践"教育学在建构中必须回答的基本问题，初步搭起了"'生命·实践'教育学论纲"的思路框架。2006年11月8日，叶澜在华东师范大学做了专题报告《教天地人事　育生命自觉——关于"教育"是什么的多维审视》。这是她首次将中国哲学、文化传统融入对"教育"这一教育学基本概念内涵构建的尝试，并试图在表达上呈现中国文化气质。她强调，"生命·实践"教育学派在教育目标的深层指向上可用"育生命自觉"来表达。自此，"生命自觉"成为"生命·实践"教育学派的核心概念。

（5）通化期（2009年至今）。这一时期，多项研究在原有基础上延续发展，并相通互化，故称通化期。叶澜的主要研究成果见表4-5。

表4-5 2009—2014年叶澜的主要研究成果

教育理论	教育实践	教育研究方法论	学派建设（教育学反思蕴含其中）
《基础教育改革与中国教育学理论重建研究》（与他人合著），经济科学出版社2009年版 《"新基础教育"研究史》（与李政涛等合著），教育科学出版社2010年版 主编"世纪初中国基础教育改革研究丛书"，共11册，教育科学出版社于2011年前出版 《课堂教学过程再认识：功夫重在论外》，《课程・教材・教法》2013年第5期	华东师范大学"新基础教育"研究中心建设 "新基础教育"扎根性研究（2019—2012年） "新基础教育"生态式推进研究（2012年至今）	《大学专业人员在协作开展学校研究中的作用》，《中国教育学刊》2009年第9期	筹划"生命・实践"教育学论著系列丛书三套，共计30册

这一时期，在叶澜带领下，团队自觉加强了"新基础教育"研究与学派建设之间的内在互化。2009年成立的华东师范大学"新基础教育"研究中心提出，将自己建成中国学校转型研究的合作平台、一代教育新人成长的精神家园、"生命・实践"教育学的创生摇篮。

二、"生命・实践"教育学思想的概念生成

（一）学科立场

教育学研究对象的复杂性决定了其晚熟性，故其学科独立性问题在其发展过程中一直争论不已，至今不绝。对此，学科创始人赫尔巴特颇有先见之

明，在其代表作《普通教育学》中指出："假如教育学希望尽可能严格地保持自身的概念，并进而培植出独立的思想，从而可能成为研究范围的中心，而不再有这样的危险：像偏僻的、被占领的区域一样受到外人治理，那么情况可能要好得多。任何科学只有当其尝试用其自己的方式并与其邻近科学一样有力地说明自己的方向的时候，它们之间才能产生取长补短的交流。"[1]其言蕴含的问题是：什么才是教育学自己的方式？什么才是教育学自己的方向？教育学如何才能形成自己的方式和找到自己的方向？概括起来就是：什么是和如何形成教育学的独特性？这是事关教育学持续发展的"学科灵魂问题"。叶澜称其为教育学的"赫氏难题"。赫尔巴特之所以被公认为教育学学科创始人，就是因为他当时清醒意识到了学科之成为学科的基本要求，并努力在教育学的学科体系构建中体现。赫尔巴特可以说是具有教育学学科立场的第一人。对自己提出的问题，赫尔巴特曾努力做出回答，认为教育学要有自己的概念，否则就会被其他各种学说、流派治理，为此强调"普通教育学必须把论述基本概念放在一切论述之前"[2]，"用一种思想来理解像教育这样一种工作的整体（它具有无穷多的部分，而各部分又是最紧密地联系在一起的），从这种思想中能够显示出计划的统一性与精力的集中性。假如注意一下教育研究必须得出的结果，以便使该结果完全可以得到应用，那么我们就会被驱使去要求和假定教育研究结果不可能没有这种统一性，并且在其中还将希望获得教育原则的统一性"[3]。他指出，如果没有这些基本概念，人们的教育认识将永远停留在经验水平，教育学就会停留在"教育术"阶段而不能成为一门真正的"科学"。他还专门强调，"这些讨论是针对那些感到有责任去整理教育学的人们的，或者确切一点说，是针对那些有责任用自己的

---

[1] 赫尔巴特.普通教育学·教育学讲授纲要[M].李其龙，译.北京：人民教育出版社，1989：10.
[2] 同[1]：192.
[3] 同[1]：36.

方法去创建教育学的人们的"①。这些阐述清晰揭示出赫尔巴特的教育学观，即坚持教育学是一门与心理学、哲学等不一样的独立学科②，用教育基本概念建构教育学的知识体系。他也的确用"人的可塑性""五道念""教育性教学""管理""训育"等概念形成了科学教育学理论大厦。赫尔巴特之后，德国国内兴起了实验教育学、文化教育学等流派，对赫氏教育学理论开展批判，其主题围绕教育学是一门什么样的学科、教育学的科学性如何确立、教育学的独特性是什么等而展开。自此，教育学的"赫氏难题"成为教育学发展史中的百年难题，在不同国度、不同时期反复出现，不同研究者提供了不同的答案，争论不断。

1. 教育学的"学科自我"

作为专业的教育学者，叶澜对此问题一直"耿耿于怀"，为"赫氏难题"探求新答案构成其学术研究的一大核心主题。1987年，她在《关于加强教育科学"自我意识"的思考》一文中，首次提出了教育学作为一门学科的"学科自我"问题，即教育学学科由"自在"走向"自为"："犹如一个人对待自我发展的自觉水平与自我意识的水平密切相关一样，一门科学发展的自控程度也与它的'自我意识'密切相关。……只有当科学对其自身的发展过程及现状、发展机制及内部结构做了认真的反思，形成明晰而准确的自我意识时，它才能自觉地寻找自己继续发展的方向，增强发展的自控能力，并减少

---

① 赫尔巴特.普通教育学·教育学讲授纲要[M].李其龙，译，北京：人民教育出版社，1989：37.
② 赫尔巴特虽然认为心理学是教育学的重要基础，但也明确提出："（心理学）这门科学绝不能替代对儿童的观察，因为个性只能被发现，而不能由心理学推断出来。所以事先对一个学生做出构想，这本身就是一种错误的说法，而且就现在而言，它是教育学远远还不能采纳的一种空洞的观念。"为此，他强调"教育学是教育者自身所需要的一门科学"，教育者要带着"教育学的头脑"来开展工作。（赫尔巴特.赫尔巴特文集：教育学卷一[M].李其龙，郭官义，等译，杭州：浙江教育出版社，2002：12）

发展过程中的盲目性，少走弯路，使自己进入'自为'的状态。当然，科学的这种自我意识是由从事研究的人来实现的。"[①] 她认为，自赫尔巴特的《普通教育学》出版以来，教育学尽管已从一门学科发展成了以教育为研究中心的一个学科群，走完了从"单数"到"复数"的路程，但学科的自我意识发展十分缓慢。尤其是在国内，这一意识几乎处于朦胧状态。20世纪，教育学科在从国外"引进"到"本土化"的过程中，伴随一次又一次政治风云变幻，根本无暇顾及关系学科发展的一系列问题的研究。在这样的背景下，"加强'自我意识'是加速教育科学发展的需要，是在教育科学研究中减少盲目性、提高自觉性的需要"[②]。带着这样的认识，她开展了全国哲学社会科学"八五"规划重点课题"教育学科体系的建设与发展"的研究，进行教育学科元研究，主编我国第一套以教育学科自身为研究对象的学术丛书（"'教育学科元研究'丛书"）。这一丛书中，她的著作《教育研究方法论初探》的主题便是秉持教育学科的"自我意识"，探究教育研究方法论与其他学科研究方法论的不同与差异，从而确立教育研究方法论的独特性，如将教育研究的对象确定为"教育存在"，将教育研究的性质确定为"事理性"，提出教育研究方法体系的基本特征是哲学、科学与艺术方法的具体综合，等等。

2. 作为"问题"的学科立场

进入21世纪后，叶澜主编《中国教育学科年度发展报告》（2001—2005年），并撰写各册报告中的"总论"。在《在路上——研究教育转型与教育学科研究转型》中，她提出"教育学科研究由反思走向'转型式'重建"，首次提出了"立场"："立场的变化是指由外部立场转向内部立场，由从一般原理或其他学科原理出发，演绎、应用到教育学中去，转为立足于对教

[①] 叶澜.关于加强教育科学"自我意识"的思考[J].华东师范大学学报（教育科学版），1987（3）：24.

[②] 同①：30.

育存在本身的研究,去综合运用可以用来认识教育现象的方法与工具。"①在《艰难的行进——学科发展意识的觉醒与迷乱》中,她对教育学科分化与交叉而产生的分支学科快速发展现象进行了反思:"正如老子所言,'道生一,一生二,二生三,三生万物'。教育学科由一向多的转化,不仅给教育学科的发展带来了生机,而且使其结构具有了一种内生长力,几乎能生出教育学科的'万物'来。……教育学科由一向多的转化又引发了学科群内部各学科边界模糊、相互包含的局面。……教育学科由一向多的转化,带来了其内生态的变化,这种变化包含生长与发展、交叉与融合、矛盾与碰撞,也带来了教育学科与其他学科交叉范围的扩大、深化和下移。"②在这样的背景下,叶澜提出了一系列关系教育学学科发展的问题:"教育学科群内学科门类的迅速增长意味着什么?传统的学科规范标准是继续有效,还是需要改变?学科得以存在的依据、根在哪里?……交叉学科与综合学科在教育学领域内的增加,对传统教育学意味着什么,是消亡,还是再生?不同学科对教育研究的切入有无立场的差异?教育学领域里的交叉学科是否只有一种属性,即切入学科的应用学科?有无以教育学为母学科的交叉应用学科存在、发展的可能和必要?在这样的背景下,有无必要思考和明确教育学立场与教育学视角?"③在《教育学科研究势态的变化与消长》中,叶澜再次强调在当代学科走向交叉和综合的时代,讨论教育学的学科立场是"教育学学科发展中尚未走完、不可绕过的一个必须完成的阶段。教育学若无独立性,若无自身特有的结构、内容和品性,就不可能成为交叉学科形成中的对话者。……在学科综合的过程中,教育学若无独立性,那么也就没有自己的声音,也不是综合学科的构成者或有关因素乃至酵母。这就是说,无论是交叉学科,还是综合学科,都是以构成交叉和综合的各相关学科的独立存在为前提的,且都不会因交叉学科和综合学科的存在而放弃原学科研究的深化与发

---

① 叶澜.中国教育学科年度发展报告:2002[R].上海:上海教育出版社,2003:5.
②③ 叶澜.中国教育学科年度发展报告:2003[R].上海:上海教育出版社,2004:3.

展"①。在这些阐述中,叶澜将教育学学科立场再次与教育学的当代独立性的确立联系在一起,提出了在交叉综合背景下的教育学学科重建问题:"21世纪初的中国教育学界面临着学科重建的历史任务。学科重建是一个艰巨和复杂的过程。"②在这一意义上,探究教育学的学科立场成为当代教育学重建的重要前提。在《在裂变与重聚中创生——2001—2005年中国教育学科发展评析》中,叶澜在对2001—2005年教育学科发展进行整体剖析后,提出学科立场"是一个关涉教育学科发展机制中定向性的问题,说得再重一些,是关涉教育学科有无存在价值的问题。如果只是借助其他学科的理论、方法就能说明全部教育问题,那么教育学就没有存在的必要。就近五年的发展状况来看,大多数教育学科都产生了危机意识,在某种意义上是学科立场问题在新世纪的凸现。学科立场涉及研究的对象、视角与核心领域的清晰,发展空间的取向,研究价值的创造,以及与其他学科的关系及关系的性质、相互作用的方式及范围的选择等一系列问题。……学科立场意识淡薄,是教育学研究中相对普遍存在和旷日持久的状态。在学科化几近普遍完成的19世纪初,赫尔巴特对教育学成为他人领域感到苦恼。如今这种苦恼在不少研究者身上已不复存在,他们还认为这理所当然。在一些交叉学科的研究人员那里,教育学成为他人领域甚至成为一种发展策略。因为在他们看来,现在已经是学科发展走向交叉和综合的时代了,再强调学科立场是落伍保守的表现。……我们经常是用别人的'话语',讲着自己的'故事'。如果这样持续地讲下去,时间再长,教育学也不可能有真实的原创性的发展"③。在这里,叶澜有意识将教育学学科立场与教育学研究主体联系在一起,以正话反说的方式阐明确定教育学的学科立场的关键在于教育学研究者自身。

---

① 叶澜.中国教育学科年度发展报告:2004[R].上海:上海教育出版社,2005:2-3.
② 同①:5.
③ 叶澜.中国教育学科年度发展报告:2005[R].上海:上海教育出版社,2006:12-13.

3. 作为"边界"的学科立场

如果说以上是叶澜对教育学学科立场"为什么"（研究背景、必要性、重要性）的阐述的话，那么她还进一步对教育学学科立场"是什么"进行了探索。2008年，叶澜在《当代中国教育学研究"学科立场"的寻问与探究》一文中，对教育学的学科立场进行了系统阐述。她认为："人类从事的任何一个学科的研究，其实面对的都是一个共同拥有的关系世界，但是，不同学科，即使是同一学科中不同的研究者，也生出了各不相同、如此之多的学科世界。何以如此？这首先要归因于'立场'。"① 那么，什么是学科立场？叶澜将其界定为由学科研究主体确立的，观察、认识、阐明与该学科建构与发展相关的一系列前提性问题的基本立足点，"只要有学科存在，学科立场就必然存在……'立场'的直接解释与空间有关，即研究者立足点在哪里（场域），从什么方位、以什么视角去研究相关学科，它不同于切入点"②。她还指出，提出学科立场，是因为教育学正处于转型时期，特别需要提升教育学学科研究主体的认识自觉。

为了重建教育学的学科立场，叶澜深入分析了教育学发展过程中经历的"内裂危机"和"外解危机"，即"双重裂解危机"③，认为由这种双重裂解形成的教育学学科群从其生成机制来看，可以分为内部分解与外部介入两大类："前者可称为教育学的'内生分支学科'，其研究对象尽管各不相同，但都属原先作为一门学科的教育学研究对象范围中的某一局部，都是以教育活动最为基础的核心构成作为原始的研究对象。这样建构教育学科研究对象的立场可称为'内立场'。后者与'内生分支学科'相对应和区别，它们因原教育学研究范围之外的其他学科介入教育问题的研究而生成，以介入学科

---

① 叶澜.当代中国教育学研究"学科立场"的寻问与探究［M］//叶澜.立场.桂林：广西师范大学出版社，2008：1.

② 同①：2.

③ 同①：15.

的范式、理论框架、基本观点和方法作为生成新交叉学科的路径,又把由此形成的交叉学科视作为本学科在教育研究领域中新建的应用学科,因此可称其为教育研究中形成的'外生交叉学科'。如此建构教育学科研究对象的立场可称为'外立场'。"[1]这里,叶澜区分出了教育学科立场的"内立场"与"外立场"。

后来,叶澜在《回归突破:"生命·实践"教育学论纲》一书中,对什么是教育学研究的"内立场"专门做了阐述:"所谓内立场……是指一个学科自身具有的立场。任何一个学科,即使再开放,也不能没有学科边界,有边界就有内外立场之别……首先强调的是划界,再开放也不能无边界。学科没有划界就没有内外之别,也无所谓学科的交叉与综合。"[2]她还进一步强调:"学科内立场是由该学科的研究主体为建构和发展学科而确立的……今日之教育学内立场的形成和教育学、教育基本理论的研究,需要有对教育学本身的元研究作基础,使其形成在学科建设意义上的当代发展。同时也表明要求确立教育学的内立场,只是与外立场做区别而已,并不是也没有必要和可能,限制教育学研究者选择各自的研究视角与核心领域。现在的主要问题是外立场强劲、内立场模糊,迫切需要研究者提升相关的学科建设'自觉'……最后,教育学的内立场对于中国教育学者而言,还包括以本土文化资源、学术积淀、实践发展为基源的教育学研究。这是教育学在中国近百年来相对薄弱的一个方面。"[3]由上可见,叶澜所言的教育学科的内立场其实有两个维度:相对其他学科的教育学内立场和相对其他国家教育学的中国教育学立场。

---

[1] 叶澜.当代中国教育学研究"学科立场"的寻问与探究[M]//叶澜.立场.桂林:广西师范大学出版社,2008:22.

[2] 叶澜.回归突破:"生命·实践"教育学论纲[M].上海:华东师范大学出版社,2015:130.

[3] 同②:131.

由教育学内外立场的区分,"可以得出的结论是:今日之教育学不存在开放不够、缺乏分化的问题。真正的问题是'三个缺乏':教育学作为学科的边界太过宽泛,甚至有人视之为'领域',故而缺乏内立场的、对教育领域整体式的教育学研究;缺乏教育学基本概念与理论的深度研究和基础性共识,继续把其他相关学科的理论直接作为教育学的理论,或停留于把这些理论层次不做教育学视角的转化、整合与深化;缺乏教育学研究因对象与目标特殊性的方法论研究和方法论原则"①。

由第一个"缺乏","我们可以这样说,只要作为内在整体的教育活动还存在,以此作为对象的内在整体式的教育学就有存在的需要。没有哪一个内生分支学科的研究,哪怕是它们的总和(也没有任何一个外生交叉学科,哪怕是它们的总和)所形成的有关教育的认识,可以代替教育研究主体对教育整体的把握。作为教育活动内在整体的研究,其目的是:形成当代教育学,而不是恢复以往只有大一统教育学的局面,削弱或限制分支学科;体现当代教育主体有关教育整体的新认识,形成有助于内生分支学科和内生应用学科发展的教育学;形成新的作为认识教育是什么、为什么、应如何和怎样展开等问题的基础理论性的认识,使整体与分支、理论与应用形成更为有效且具有相互促进、建构价值的当代教育学科新的关系形态和发展局面"②。这里涉及的是教育学与其他学科的关系。那么,达成对教育内在整体式的认识的教育学与其他学科是一种什么样的关系呢?在叶澜看来,"教育学的理论基础,不是由现有其他学科直接相加组成的'团',而是需要教育学研究者从不同学科中,做出与研究主题相关认识的重组与整合。这是本学派与以往观点的一个重要区别……教育学是一门伫立在八方知识汇集点上的学科。没

---

① 叶澜.回归突破:"生命·实践"教育学论纲[M].上海:华东师范大学出版社,2015:129.
② 叶澜.当代中国教育学研究"学科立场"的寻问与探究[M]//叶澜.立场.桂林:广西师范大学出版社,2008:23.

有任何一门学科能直接成为或穷尽教育学所需要的理论基础。教育学理论基础本身，是在教育学者对教育活动的基本构成做出辨析和基本判断后，对相关领域的知识进行主题式重新整合的结果。这是一个类似蜜蜂'酿蜜'的复杂过程"①。

由第二个"缺乏"，叶澜聚焦于教育学基本概念与理论的深度研究和基础性共识，这正是"生命·实践"教育学派之"生命·实践""生命自觉""社会教育力"等核心概念的由来；由第三个"缺乏"，叶澜聚焦于教育研究、教育研究方式及方法论独特性的持续研究，这正是"教育存在""教育事理""深度介入式教育研究"等概念的由来。

4. 作为"国度"的学科立场

教育学是一门西方的学问，是"时代和教育实践的发展把教育理论抛到中国这块土地上"②。"引进"是"中国近代教育理论诞生时就有的'娘胎里的记号'"③，在发展过程中难免形成崇洋媚外的学术心态。对此，叶澜一直强调中国教育学的学科立场，主张提高研究的原创性，即"以本国教育发展需要和问题为研究的本源，通过各种不同手段获取原始性素材，或做原始性（相对于'验证性'）的研究，进而得出在国内或国际范围内富有独特性和创新性的理论（或其他形态的研究成果）。也就是说，中国教育研究的原创性至少是由问题的原发性、研究素材的原始性、结论的独特性和创新性等要素综合构成。……中国教育理论原创性发展，还涉及学术领域里的民族自信心问题。……一个偌大的中国，一个拥有最多教育人口的中国，一个进

---

① 叶澜.回归突破："生命·实践"教育学论纲[M].上海：华东师范大学出版社，2015：133.

② 叶澜.世纪初中国教育理论发展的断想[J].华东师范大学学报（教育科学版），2001（1）：2.

③ 同②：5.

入了21世纪的中国,不能没有原创的教育理论"[1]。基于这样的认识,叶澜指出:"与百年前教育学主要由国外'引进'这一历史事实形成鲜明反差,本世纪中国教育学科的发展与重建,尽管是在全球化发展加速的大背景下,但仍以原创意识的觉醒,对国内教育改革、发展的现实需要与问题的关注,以及传统文化的当代更新为基点。"[2] 2004年,叶澜系统阐述了中国教育学发展的"世纪问题",即政治意识形态与学科发展的关系问题、教育学发展中的"中外关系"问题和教育学的学科性质问题,指出长期的教育学理论引进史使"中国教育学界接受了教育学的普遍主义,养成了对自身经验的忽视甚至鄙视、对规律的坚信甚至迷信的态度。同时还因此而产生一种错觉,似乎教育学理论是可以直接由国外译出,快捷地为我所用,它不受本国基础的影响,也可与本民族的文化传统无关。……自此开始,中国有了作为学科的'教育学',其代价是同时开始了近代教育学在中国却与中国教育思想中断、与中国传统文化分裂的历史。……这种借鉴、追随过度的现象长期持续和相应养成的教育学界'崇外'心态,带来的最为严重的消极影响是:中国教育学科的发展离'根'离'土',长期未构筑起自己的'家园',长期保留着'舶来品'这一从降生之日就带有的'胎记'"[3]。为此,她明确提出要由"教育学中国化"转向"中国教育学"建设,即由"引进式加工"向"原创性发展"转换,使中国教育学研究在新时期发生"扎根本土"的变化,"教育学在新世纪发展的方向不应再是以西方为本作前提的'中国化',而是要创建'中国教育学'。这里的'中国',其内涵不只是指教育学要从本国的文化传统中找到自己的根,开发其当代价值,也不只是指教育学要以本国的教育实

---

[1] 叶澜.世纪初中国教育理论发展的断想[J].华东师范大学学报(教育科学版),2001(1):5-6.

[2] 叶澜.总述:构筑中国教育学科发展的世纪新平台[R]//叶澜.中国教育学科年度发展报告:2001.上海:上海教育出版社,2002:4.

[3] 叶澜.中国教育学发展"世纪问题"的审视[J].教育研究,2004(7):8.

践和教育问题作为发展教育理论之不可或缺之源,而是指中国学者应为教育学发展做出世界性的贡献。教育学的世界宝库中也应该有中国的原创性成果,中国教育学人为此也要为中国教育学界与世界其他国家教育学界交流时能平等对话、交互影响做努力"①。

在后来的教育学研究中,叶澜主要通过三种方式彰显和强化中国教育学的学科立场:

首先,对西方教育学理论的系统梳理与批判。如对"日耳曼式教育学"和"盎格鲁式教育学"两种教育学传统中双重裂解危机的分析,彰显出教育学学科危机的世界性;提出在这样的背景下,"在当代中国,教育学如果要走出生存困境,完成转型性再生是一条可行之路"②;强调当代教育学"从积极的角度看,作为一门学科的教育学面临的命运不是消亡与终结,而是发展、更新与转型"③。这些表述传达出一名当代中国教育学研究者重建教育学的坚定信念。

其次,从理论与实践两个维度努力进行当代中国教育学的重建。在理论上,叶澜提出要提升中国教育学人的学术自信与建设自觉,"这是学科建设中人的因素,需要列在首位的因素"④,强调:"我们的研究优势是身处大潮之中,对当代社会变革与教育变革的密切关系有切身体验,而非只是旁观。我们确实碰上了千年难逢的大机遇。然而,挑战也在于此:我们身在其中,除了要看清与变革相关的一切,还须要看清自己;看清已有的教育学……我们需要回溯教育的本源,深入到改革的实践之中,在参与改变当代中国教育的实践中,体验、认清教育内在的关系与逻辑;在各种观念的碰撞、现实成

---

① 叶澜.中国教育学发展"世纪问题"的审视[J].教育研究,2004(7):16.
② 叶澜.当代中国教育学研究"学科立场"的寻问与探究[M]//叶澜.立场.桂林:广西师范大学出版社,2008:18.
③ 同②:23.
④ 叶澜.回归突破:"生命·实践"教育学论纲[M].上海:华东师范大学出版社,2015:119.

就与问题等实存现象的拷问下,深化对一系列教育命题的思考,乃至重新认识……在一个变化激烈的时代,人的观念和行为自我更新到什么程度,某一领域(包括学科在内)的变革与发展方能达到什么程度。这就是我们所言的'学术自觉'的重要构成。"① 这些观点不仅鼓舞了当代教育学人参与重建教育学的信心,更为重建教育学指明了道路。不仅如此,她还持续多年对教育学研究对象、教育研究性质、教育学的科学标准、教育学的学科基因等事关教育学学科建设的关键问题进行了重建性的理论探索,为教育学的当代重建奠基。除了理论上的跋涉,叶澜还持续扎根中小学开展二十几年的"新基础教育"研究,研究中国学校整体转型变革,发现中国本土的原始问题、原始素材并提出中国独特的学校变革理论,使"新基础教育"研究成为她所创建的"生命·实践"教育学理论的实践之源,形成了教育理论与教育实践双向建构的新路径。

最后,叶澜还研究中国传统文化,将中国传统文化作为重建中国教育学的"命脉",走上基于中国传统文化"对'教育是什么'的探索之路,并以教育学研究者的身份,加入到当代中国思想文化界建设中华民族'文化自觉'的队伍中"②。她对中国传统文化内蕴的教育精神与智慧进行了深入分析,在此基础上提出"教天地人事,育生命自觉"的教育主张。

总体而言,对教育学的学科立场不同维度的探究是"生命·实践"教育学理论及学派得以形成的前提,或者说,"生命·实践"教育学理论及学派是叶澜对教育学的学科立场探究的必然结果。

(二)"生命·实践"

"教育是什么"是每一种教育学理论都必须回答的问题,每一种教育学

---

① 叶澜. 回归突破:"生命·实践"教育学论纲[M]. 上海:华东师范大学出版社,2015:126.
② 同①:242.

理论确定其作为一种理论的地位也必须对这一问题做出独特回答。事实上，在教育学发展史上，不同代表人物、不同教育学理论的确也形成了独特的答案。叶澜的当代中国教育学重建之路也要直面这一问题，她将其视为教育学学科发展的"基因密码"。

1. 教育学的学科基因

改革开放以来，人们致力于当代教育学的重建，路径呈现多元状态。在此过程中，叶澜及其开创的"生命·实践"教育学派是一支重要力量。她从教育学科的"自我意识"出发，"回到教育学研究的源头——教育实践，追寻人类产生教育实践的源头——教育存在的依据"[1]，并将其称为"回到原点的思考"。起初，叶澜将这一原点锁定在个体[2]，后来随着对学校教育开展介入式研究[3]，她逐步转向对个体之生命的关注[4]，再之后进一步转向对"生命·实践"的关注。这些思考，促使她在2004年初把追寻教育学"学科原点"的提法转换成教育学的"学科基因"，并努力构建当代教育学的基因式新内核。

那么，何为基因？"基因"一词出自生物遗传学，是一切生命实现代际遗传信息传递的基本单位。叶澜提出教育学的学科基因，是以基因来类比教育学理论的内核，取其"本原基始"之意，"从功能的代际性和机制的生成性上借用'基因'一词，表明我们对教育学理论内核的选择与构建，要

---

[1] 叶澜."生命·实践"教育学引论（上）——关于以"生命·实践"作为教育学当代重建基因式内核及其命脉的论述［M］//叶澜.基因.桂林：广西师范大学出版社，2009：2.
[2] 叶澜在《教育概论》（人民教育出版社1999年版）中，聚焦于"个体发展"，提出了"二层次三因素论"。
[3] 1991—1994年，叶澜开展了"基础教育与学生自我教育能力发展"课题研究；1994年后，叶澜又开创了"新基础教育"研究。
[4] 1997年叶澜在《教育研究》杂志第4期发表《让课堂焕发出生命活力——论中小学教学改革的深化》。

求具有基因的功能、机制等特征"①。在叶澜看来,"理论建构是关于研究对象的理性再造,需要说出对象的内在规定性和机理,需要把握住对象的魂及其丰富的表现,需要勾勒出对象生成发展的演化路径与轨迹"②。基于这样的认识,叶澜从学科基因的视角,聚焦于"教育学是什么"这一核心问题,回顾了历史上的教育学理论,探寻了不同教育学理论内蕴的"基因"。她认为"'自然'是夸美纽斯教育理论的基因式构成,是其魂"③,"卢梭教育思想的基因式内核是'自由',他的教育思想的特质、历史贡献和摧枯拉朽的力量都出自对'自由'的追求"④,"康德与夸美纽斯和卢梭的最大区别,在于他强调教育的人为性、理性和指向理想社会的完美性……我们可以把康德教育学的基因式构成确定为'理性'"⑤,"尽管'经验'是杜威哲学中的核心概念,但我认为无论从形态上,还是从内涵的包容性上,可选作杜威教育学基因式核心概念的都是'生活'"⑥。

叶澜提出"学科基因",给我们的启发是她解读与重构教育学的原点式思维方式,即抓贯穿整体教育学理论体系的关键概念,然后从这一概念出发关涉其他。正是基于这一点,她根据多年的教育学研究以及持续深度介入的教育实践研究,提出了重建当代教育学的基因式概念——"生命·实践"。

2. "生命·实践"教育学的基因——"生命·实践"

叶澜创建的"生命·实践"教育学以"生命·实践"为学科基因。为什么会做出这样的选择?"生命"和"实践"在日常生活中并不是陌生的两个

---

① 叶澜."生命·实践"教育学引论(上)——关于以"生命·实践"作为教育学当代重建基因式内核及其命脉的论述[M]//叶澜.基因.桂林:广西师范大学出版社,2009:4.
② 同①:5.
③ 同①:7.
④ 同①:11.
⑤ 同①:16.
⑥ 同①:28-29.

词，对它们最初的关注是叶澜长期的研究积聚和体验，以及持续地对教育及教育学存在问题的批判与反思引起的，是一种理论直觉的产物。其过程概而言之，首先是认识到我国现实教育中最大的缺失是对学生——作为教育对象的具体个人生命的关注。教师在忽视学生生命成长需要的同时，也忽视了自身生命成长的价值。这一双重缺失使学校教育丧失了"生命性"。其次，上述状态是教育长期遵循的实践模式转换成学校日常生活，进而转换成教师的教育习惯、师生在校日常生存方式的结果。实践形成的事物，还必须通过实践来改变。而且，教育学长期以来也缺失对教育生命价值的关注，缺失对教育实践整体的深入研究，更缺失以生命价值为核心的教育实践的整体性研究。基于上述认识，叶澜从1994年开始了长达二十几年的"新基础教育"研究，并认识到教育实践对于师生的生命发展价值，因而从对"生命"的关注、对"实践"的强调，最终走向将"生命""实践"建立起基因式双螺旋交互关系的文字表达形态——"生命·实践"。

（1）生命。1982年叶澜赴南斯拉夫访学，她通过对南斯拉夫教育学的学习和研究认识到"过去，教育学对人的研究没有给以足够的重视，或者只做了简单化的、割裂的研究，这是不符合马克思主义基本原理的"[①]。大概从那个时候起，"人"成为叶澜教育学研究关注的关键问题。"我发现两国在教育学理论与教育实践中重心的区别：我国的重心在教育作为社会发展的工具上，南斯拉夫的重心则在教育促进儿童个性的发展上。如何认识和处理两者的关系，尤其是如何认识个体发展在教育中的地位，这些以往在我头脑中因认识的偏颇而不可能产生的问题产生了。我深感我们的教育学研究缺少了重要的一半！对于个体人的发展，尤其是个性发展作用的深入研究，当时的认识虽只是一半式的，但已经足以让我震动了，'个体'的意识就像'菌丝体'

---

① 冰火.南斯拉夫教育科研中的方法论问题[J].外国教育资料，1986(1)：10.

那样悄然潜入我的'虫蛹'。"①

访学回国后,叶澜担任"教育概论"课程的教学工作,连续教了5年,其讲义以《教育概论》为名于1991年由人民教育出版社出版。在该书中,叶澜开篇即以"教育是什么"这一问题切入,认为教育是有意识地以影响人的身心发展为直接目标的社会活动,彰显了教育相较于非教育的独特性和人为性,即直接指向"人的身心发展"。然后,再进一步对"教育是什么"做出结构性的界定,强调了教育者与受教育者"尽管他们在教育活动中承担的任务不同,但相对于教育活动的其他基本因素,他们都处于主体地位。就教育者与受教育者的相互关系来说,他们又互为主客体……是有意识的、有能动性的人……因此,应该把教育者与受教育者称为教育活动的复合主体"②。不仅如此,叶澜还重构了"影响个体发展诸因素及其相互关系"的认识,即"二层次三因素论",提出要将关于人的发展问题的研究从生物学水平提高到"人学"水平,强调要研究人的发展与其他生命发展的区别,找出人的发展的特殊性,得出"人的发展在实质上是个体生命的多种潜在可能逐渐转化为现实个性的过程"的结论。由此可以看出,在《教育概论》中,叶澜强调作为主体的人之生命的特殊性,认为人的生命活动对于自身发展具有决定性意义。从这里开始,叶澜对南斯拉夫访学时意识到的传统教育学缺失了的"一半"有了进一步理解,它不只是指缺少对个性发展作用的深入理解,更为根本的是缺失了关于如何教人认识和把握自我命运的"一半"之教育学的研究。总体而言,在《教育概论》中,叶澜强调作为个体的人,涉及人的发展时,更多用的是"个体""主体"等概念,"生命"仅是作为一个可以与"个体"互换使用的词。

1991年,叶澜以上海市普陀区洵阳路小学为实验学校进行"基础教育

---

① 叶澜.从"冬虫"到"夏草"——"生命·实践"教育学派生成过程的个人式回望[M]//叶澜.方圆内论道:叶澜教育论文选.北京:中国人民大学出版社,2019:8.
② 叶澜.教育概论[M].北京:人民教育出版社,1999:12-13.

与学生自我教育能力发展"课题研究。她坚持到学校去听课，直接感受到学生课堂生活的沉闷，看到大多数学生静坐（有的听，有的根本就不听）、不积极乃至无奈的状态，只有在下课的十分钟，才能感受到他们是孩子，他们有活力。经过思考，叶澜意识到，在教育中谈论"生命"不同于谈论"个体"，必须唤醒教育工作者的生命意识。1997年，叶澜在《让课堂焕发出生命活力——论中小学教学改革的深化》一文中提出："必须突破（但不完全否定）'特殊认识活动论'的传统框架，从更高的层次——生命的层次，用动态生成的观念，重新全面地认识课堂教学，构建新的课堂教学观，它所期望的实践效应就是：让课堂焕发出生命的活力。"[1]该文具体阐述了课堂教学的三重含义：第一，课堂教学应被看作师生人生中一段重要的生命经历，是他们生命的有意义的构成部分。课堂教学对于参与者具有个体生命价值。第二，课堂教学的目标应全面体现培养目标，促进学生的全面发展，而不是只局限于认识方面的发展，"我们需要课堂教学中完整的人的教育"[2]。第三，课堂教学蕴含着巨大的生命活力，只有师生的生命活力在课堂教学中得到有效发挥，才能真正有助于新人的培养和教师的成长，课堂上才有真正的生命。该文发表后，引起巨大反响，有人将叶澜的教育学理论称为"生命教育学"。对此，叶澜本人未置可否。她认为自己对教育的认识，有了由"个体"向"生命"的转变，但又不只是在"生命"方面，用她自己的话说："至少，我已十分关注学校教育实践的变革研究，关注教育实践变革中人的发展问题……如果只是强调'生命'，很容易或走生物学、生态学的路子，或皈依到唯心哲学和宗教哲学那里去。"[3]

（2）生命与实践。其实在关注"个体""生命"的同时，叶澜也关注

---

[1] 叶澜.让课堂焕发出生命活力——论中小学教学改革的深化[J].教育研究，1997（9）：5.
[2] 同①：6.
[3] 叶澜.从"冬虫"到"夏草"——"生命·实践"教育学派生成过程的个人式回望[M]//叶澜.方圆内论道：叶澜教育论文选.北京：中国人民大学出版社，2019：23.

"实践"。1987年，在《关于加强教育科学"自我意识"的思考》一文中，她提出了教育学理论在"上天"的同时，还要"着地"，"应用学科的努力方向是'着地'，把自己的根深扎于中国教育实践这块肥沃的土壤之中"[①]。在《教育概论》中，叶澜也强调实践：一是认为教育活动是一种社会实践活动；二是提出人的发展从潜在可能性到现实的转化，其中关键因素是个体自身的生命活动，即个人的实践。但这里，她并未将"实践"与"活动"做明确区分，基本上视作同义语使用。在著作《教育研究方法论初探》中，她从教育研究的角度进一步确证了教育的实践性质，做出了教育研究是"事理研究"的判断。该书还专门探讨了教育理论与教育实践的相互关系，以及教育理论向教育实践转化的问题。在"新基础教育"研究中，叶澜特别强调研究教师在实践中表现出来的教育教学行为问题，特别是这些问题背后的观念、理论和习惯，"生命主体对实践的正确认识及践行水平，不仅是实践质量的保证，而且是实践中人能否发展的关键"[②]。在"新基础教育"研究过程中，叶澜意识到在理论与实践关系认识上有关主体分析单位中"个体人"的缺失。这一缺失在她于2001年发表的《思维在断裂处穿行——教育理论与教育实践关系的再寻找》一文中得到了弥补。在该文中，她指出理论在现实中有两种不同的存在形态：一种是群体所共有的普遍形态，它脱离于产生理论的主体，以文字、各种符号的形式存在；另一种是个人或部分特殊群体所拥有的私我和局部形态，其中包括个体因学习而内化的个人理论，还包括尚未完全脱离产生理论的主体、以言说和一定范围内的共同经验为形态的存在，她进一步指出，要全面认识理论与实践的脱离与关联，把研究的重心集中到更为根本的主体身上。她还进一步区分出"他向学习"与"我向学

---

① 叶澜. 关于加强教育科学"自我意识"的思考 [J]. 华东师范大学学报（教育科学版），1987（3）：29.
② 叶澜. 从"冬虫"到"夏草"——"生命·实践"教育学派生成过程的个人式回望 [M]// 叶澜. 方圆内论道：叶澜教育论文选. 北京：中国人民大学出版社，2019：25.

习",确认个体只有具备了"我向学习"能力,才能使自己的学习实践成为"促使个体内在理论发展的最富有能动性的实践,由此形成的个体理论也是最富促进个人实践发展能动性的理论"①。由此可以看出,叶澜有关实践的认识,已从"研究"转向"个人学习"。这一认识,使叶澜"对自己提出的有关教育学研究缺乏人之自我形成研究的'一半',从学习者的角度做了展开与补充,使个人多种类型、领域丰富与不同水平的学习实践问题,也即拥有生命的个人学习实践,成为教育学不可不研和不可不为的重要问题……正是在这样多重交织的意义上,'生命·实践'与教育、教育学理论的发展实现了最初的汇合与整体式关联,形成了最初的'结构式'"②。

（3）"生命·实践"的内涵。2004年,叶澜正式提出"生命·实践",第一次对生命与实践的关系进行了阐述,强调了生命与实践的关联:"这种联系之所以存在,首先在于教育学的特殊性。教育学关注的是生命的主动发展,是以教育这一影响人本身的成长与发展为核心的实践活动为主要的研究对象。……教育学的原点是对'生命的体悟',教育学必须有对生命的体悟,这种体悟甚至可以称得上是教育学研究的前提。……教育学不仅是'生命'的学问,或'实践'的学问,而且是以'生命·实践'为'家园'和'基石'的学问。"③ 2006年,叶澜开展的"新基础教育"研究获上海市哲学社会科学优秀成果奖一等奖,在表彰会上她发表了一段获奖感言,又对"生命·实践"进行了诠释:"在我的教育学研究生涯中,最能打动我的是两个字是'生命',最让我感到力量的词是'实践'。教育学说到底是研究造就人生命自觉的教育实践的学问,是一个充满希望、为了希望、创生希望的学

---

① 叶澜.思维在断裂处穿行——教育理论与教育实践关系的再寻找[J].中国教育学刊,2001(4):3.
② 叶澜.从"冬虫"到"夏草"——"生命·实践"教育学派生成过程的个人式回望[M]//叶澜.方圆内论道:叶澜教育论文选.北京:中国人民大学出版社,2019:26.
③ 本刊记者.为"生命·实践教育学派"的创建而努力——叶澜教授访谈录[J].教育研究,2004(2):35.

问。我愿为研究如何让人间每一朵生命之花绽放出自己独特灿烂的学问而努力终生，并与所有的同行者共享生命成长的尊严与欢乐，共享教育学研究特有的丰富与魅力。"

2009年，叶澜对"生命·实践"的内涵进行了系统探讨："人的生命与人的实践，在人最原初的形成时期就具有内在关联，不可分割"[1]，"人的'类生命'的存在、发展与人的社会实践具有内在关联"[2]，"作为生命个体的人有社会生活，并因其社会生活而获得自然生命不可能自然生成的社会特性……生命个体的这种社会性的获得和习得……是个体通过自己在与外界互动的全部生命活动之过程中完成的"[3]，"人具有超越自然和现存的给定世界之限制的能力，创造新的为人和人为的世界，形成新的自我，这是人的精神生命力量和特征的充分展现，它同样与人的实践直接相关"[4]，等等。总之，人的生命与人类独特的生存活动——实践存在着内在相互生成关系。"人要从根本上认清自己的类特征，就不能排除人类自己开创的实践活动。这是人类生命最为内在的规定，我们将它称为总体意义上的'生命·实践'。"[5]

（4）"生命·实践"作为教育学理论基因的特殊内涵。当以"生命·实践"作为审视教育学的学科基因时，叶澜对教育学理论内涵形成了新的理解。

首先，教育学研究对象的确定。教育学直接指向的是"教育"，不是"人"，教育学是关于教育的理论，不是关于人的全部理论。"因此，我们不能直接将哲学或其他学科关于人的研究的所有结论拿来作为教育学的理论……我们必须将教育置于'实践'这一上位概念中去考察。教育学研究对象的性质，在'实践性'这一意义上，不同于哲学研究对象的性质，也不同

---

[1] 叶澜."生命·实践"教育学引论（下）——关于以"生命·实践"作为教育学当代重建基因式内核及其命脉的论述［M］//叶澜.命脉.桂林：广西师范大学出版社，2009：31.
[2] 同[1]：34.
[3] 同[1]：34-35.
[4][5] 同[1]：38.

于科学研究对象的性质。……正是在这一意义上，我们把教育学称为研究'事理'的学科。丢掉了对教育整体上属于实践的判断，就会溢出或窄化教育去谈论教育，就会丧失整体把握教育研究对象的可能，自然也就不可能对教育学研究对象的性质做出总体意义上的性质判断。由此，我们首先建立了教育学研究对象——教育与实践在整体意义上的所属关系"。①

其次，对作为人类实践之一的教育与其他人类实践的区别，即进入对教育实践独特性的把握。叶澜认为："正是在这一层面的探讨上，人的生命与教育呈现出直接、内在和整体的独特关系性质……教育实践的独特体现在这一活动与人的生命之关系性质上。"②具体表现在：直接性，即教育是直接以人的身心发展为对象的活动，"唯有在教育活动中，才能建立活动主体与活动对象的直接沟通，才能建立师生这一特殊的人人关系"③。而且，直接性包含内在性，即"教育活动是对人的生命的内在变化、成长的影响……这也就是说，教育活动与人的生命发展具有内在关系。教育与生命关系的内在性还表现为师生之间的沟通本质上是人与人之间的内在沟通，教育内含在生命间的沟通之中"④。此外，还有整体性，"是指人的生命活动整体地参与和渗透在教育实践中。教育实践是教育者作为具体的整体个人，以自己的身心去理解、把握人类生命所创造、积淀、提供的文化资源，即我们所言的'类'生命和教育的内容，并作用于学生具体的整体个人及由学生组成的群整体。这种整体性由生命的整体性规定，是教育实践内在的规定。无论在事实上还是在理论上，都不存在人的生命活动的可分裂性"⑤。基于上述认识，叶澜以"生命·实践"为学科基因，形成了"生命·实践"教育学对教育实践性质的认识："'教育是基于生命、直面生命、为了生命、通过生命所进行的人类生命事业'。生命是教育的'魂'，实践是教育的'行'，学校（以及其

---

① 叶澜."生命·实践"教育学引论（下）——关于以"生命·实践"作为教育学当代重建基因式内核及其命脉的论述[M]//叶澜.命脉.桂林：广西师范大学出版社，2009：40-41.
②③④⑤ 同①：41.

他教育组织、机构）是教育的'体'。教育是一项充盈着人的生命的人类实践活动。"①

（三）生命自觉

叶澜开创的"生命·实践"教育学对"教育是什么"做出了富有鲜明中国传统文化特征的回答。如其所言："当我们做出'教育是点化生命的人间大事'之判断时，已经走上了基于中国文化传统对'教育是什么'的探索之路。"②她将这条道路称为中国教育学重建之"学科命脉"。当然，对于何为教育学的"学科命脉"，她有不同维度的阐释。

1. 教育学的"学科命脉"

教育学研究对象的复杂性，决定了教育学的发展必须吸收与转化来自其他学科的理论资源，"没有任何一门学科能直接成为或穷尽教育学所需要的理论基础。教育学理论基础本身，是在教育学者对教育活动的基本构成做出辨析和基本判断后，对相关领域的知识进行主题式重新整合的结果。这是一个类似蜜蜂'酿蜜'的复杂过程"③。这意味着教育学要以学科的方式把握复杂的教育实践并实现从教育实践形态向教育学理论形态的转化，需要多方面的学科营养。叶澜将这些资源中最为关键和最为重要的称为她所开创的"生命·实践"教育学的"学科命脉"，主要有两大类：一是实践命脉。"'生命·实践'教育学派对教育理论的探索作为一种研究实践来说，强调进入教育实践。我们不仅把教育实践作为外在对象世界去认识，而且作为形成教育

---

① 叶澜."生命·实践"教育学引论（下）——关于以"生命·实践"作为教育学当代重建基因式内核及其命脉的论述[M]//叶澜.命脉.桂林：广西师范大学出版社，2009：42.
② 叶澜.回归突破："生命·实践"教育学论纲[M].上海：华东师范大学出版社，2015：242.
③ 同②：133.

理论最丰富的源泉去吸收、去体验、去发现、去感悟。……在我们看来，用教育实践来启发、检验、丰富教育理论是教育研究必不可少的过程，也是教育理论能否出现原创的必要条件。"①二是理论命脉，具体有"马克思主义哲学，尤其是关于人与实践内在相互构成的学说及其思维方式的方法论启示；教育学作为学科发展的学术历史与丰富资源，这里主要阐述的是西方近代以来教育学家的代表著作对认识教育学特殊问题域及其'基因'式核心概念的意义；当代科学与科学哲学对认识人及其复杂系统内在机制的理论与方法论，其中主要涉及的是脑科学中有关大脑内结构的研究、复杂理论、超循环理论等及其方法论支持，它们反映了当代科学的新发展，是我们重建教育学理论可能的科学支撑；当代中国教育改革发展的实践和理论进展，尤其是我们扎根实践所开展的'新基础教育'研究……有关命脉还包括重要的一方面，即中国文化与教育传统"②。

上述理论命脉中，以"新基础教育"研究为代表的实践对"生命·实践"教育学理论发展与学派建设的意义自不待言，马克思主义哲学尤其是实践哲学在"生命·实践"这一学科基因内涵的诠释中有鲜明印记，当代科学与科学哲学尤其是复杂科学对"生命·实践"教育学在教育研究性质、学科性质及研究方法论等方面亦多有启示，西方近代以来诸多教育学家的经典教育理论是"生命·实践"教育学当代重建的重要基础。至于中国文化与教育传统，叶澜虽然一直对文化传统保有自觉，将其作为中国教育学学科立场的重要方面，但客观地说在较长时期内并没有很好地在其理论研究中体现。在叶澜的研究生涯中，有过大量的专题研究，如：为了撰写《教育研究方法论初探》，查阅了多种学科有关方法论的专著以形成自己关于方法论的界定；为了梳理教育学科历史发展过程中的方法论转换，重读了中国和外国的教育

---

①② 叶澜."生命·实践"教育学引论（下）——关于以"生命·实践"作为教育学当代重建基因式内核及其命脉的论述［M］//叶澜.命脉.桂林：广西师范大学出版社，2009：54.

与教育思想史及西方不同时期代表人物的教育学著作；为了反思哲学与教育研究方法论的关系，大量阅读了有影响和代表性的当代西方哲学论著；为了吸收以系统论为代表的横断学科对教育研究的方法论营养，系统阅读了有关"三论"的代表作。在叶澜中前期论著中较少见到她对中国传统文化进行专门研究和专题阅读的描述，但这并不表明她对这一方面的忽视，她对中国教育学"初建时的'中断传统'"[①]一直"耿耿于怀"。尤其在她对学科命脉进行梳理后，这种文化自觉更加强烈。自2006年后，叶澜有意识地开展教育学理论研究的文化传统转向，用她的话讲就是"恶补中国传统文化"。2006年11月8日，她以《教天地人事 育生命自觉——关于"教育"是什么的多维审视》为题，在华东师范大学做终身教授专题报告。这是她第一次将中国哲学、文化传统，融入对"教育"这一教育学基本概念内涵构建的尝试，并试图在表达上呈现中国文化气质。之后，她持续开展中国文化传统与当代教育及教育学关系的研究。"我们拾起因政治批判而被扭曲、鄙视，且陌生化到不太相识的中国古代经典，以发现被我们轻易抛弃的古代思想和传统之中存在着的，中华民族借以生存、发展的顽强精神力量与智慧。从而意识到当代中国教育学的重建，除了认识社会的发展变化之外，还必须回归自己五千年的文化家园，扎根于中华民族的精神土壤之中。唯有如此，才能将中国近代教育学因'引进'而断裂的学术命脉，在当代中国教育学重建中重新连接，使中国传统文化的血液流淌在当代教育学的生命成长之中。"[②]在《回归突破："生命·实践"教育学论纲》中，叶澜用近1/3篇幅对"教育是什么"进行了中国式阐述；她还开展了基于中国传统文化的"教育（学）与自然"关系的补充式研究。

---

① 叶澜.中国教育学发展"世纪问题"的审视[J].教育研究，2004（7）：7.
② 叶澜.回归突破："生命·实践"教育学论纲[M].上海：华东师范大学出版社，2015：216.

2. "生命自觉"概念的形成

"教天地人事,育生命自觉"是叶澜的"生命·实践"教育学对"教育是什么"的中国式回答与表达,自此"生命自觉"成为"生命·实践"教育学理论的核心概念。当然,这一概念的形成贯穿了叶澜的整个教育学研究。

(1)发展主体。叶澜在其第一本学术著作《教育概论》中即尝试对"教育是什么"做出回答,当时一大突破是关注到教育中的人,提出:人是具有主观能动性,且能形成自我意识、对自身发展具有策划能力的发展主体;人不仅是发展的主体,而且是影响自身发展的关键性因素。在真实的教育教学中,"学的活动只能由受教育者来完成。教育者教得再好,也不能代替受教育者的学习活动。受教育者在学习中并不是消极、被动的,任教育者摆布的。受教育者也是具有自己的意志、情感、需要和具有认识能力的、富有能动精神的人。随着受教育者发展水平的提高,他的能动性不仅越来越多地体现在接受教的学习活动中,而且体现在自我教育中,体现在对教的活动的积极参与中"[①]。这本著作在进一步讨论"教育与人的发展"时,强调"教育学研究人的问题之特殊性"[②],指出:"教育学把个体作为一个复杂的整体来研究,而不是把人的某一方面作为自己的研究对象。教育者面对的是一个个活生生的、整体的人。"[③]基于这一认识,叶澜提出了影响个体发展基本因素的"二层次三因素论",认为:"当人的发展水平达到具有较清晰的自我意识和达到自我控制的水平时,人能有目的地、自觉地影响自己的发展……它意味着人不仅能把握自己与外部世界的关系,而且具有把自身的发展当作自己认识的对象和自觉实践的对象,人能构建自己的内部世界。只有达到了这一水平,人才在完全意义上成为自己发展的主体。"[④]在叶澜看来,"人对自身发展的控制表现在两个方面。一方面是人在认识自己与周围环境现实关系的前

---

① 叶澜.教育概论[M].北京:人民教育出版社,1999:14.
②③ 同①:183.
④ 同①:217-218.

提下，不断地为自己的发展创造条件，而不是消极地期待客观条件的成熟。另一方面是人勾勒自己未来的前景，选择自己的发展目标。具有自我意识的人对未来的追求中……一步一步地为实现自己的理想人格、才能和价值目标而奋斗。这种自觉的追求与行为，是人的主观能动性在影响人的发展方面重要的和高度的体现……正是这种人在意识中理智地复现自己、筹划未来的自我、控制今日的行为的'自塑'能力，把个体发展的过去、现在、未来在意识中联结起来，不仅人的已有发展水平影响今后的发展方向和程度，而且使自觉意识到的未来发展目标支配今日的行为。……正是从这个意义上，我们高度评价后天因素在人发展中的重要作用，它赋予了人在一定条件下主宰自己命运的可能。人不仅是先天因素与环境相互作用的产物，人也是自我选择的产物"[1]。她还根据主体对活动的自主程度，将活动分为"被动应答""自觉适应""主动创造"三个等级，指出第三等级的活动对个体的发展具有特别重要的意义："在这种情况下，主体的态度不仅是自觉的，而且是积极主动的，为了实现自己提出的目标与任务，他主动寻求解决问题的方法，设计自己的行动步骤，研究手段、方法的合目的性，关注行为的结果，并根据结果调整进一步的行动。在活动过程中，主体处于积极的追求中，体验着成功的欣喜与失败的焦灼，感受到自己的智慧与力量"[2]，"谁只要真实地经历过这样的活动，它就会对谁的发展，尤其是自我意识和自主能力的发展产生不可磨灭的影响"[3]。这里，叶澜提出了在一定程度上，人决定自我的命运；教育应该使人意识到这一点，教人争做自己命运的主人。

（2）自我意识。1991—1994年，叶澜进行了"基础教育改革与学生自我教育能力发展"课题研究。这一研究其实是为了在实践中验证《教育概论》中有关个（主）体发展能动性、主动性的相关理论认识。该研究在推进

---

[1] 叶澜. 教育概论 [M]. 北京：人民教育出版社，1999：218.

[2] 同①：233.

[3] 同①：234.

"生命·实践"教育学理论核心概念的形成上，实现了由"发展主体"的概念向与主体相关的核心构成"自我意识"及"自我教育能力"的认识深化；"主体实践"的概念也推进到"学生在学校日常实践中的主动参与"这一命题。在此基础上，叶澜得出了结论：在人生接受系统教育的初始阶段——小学，教育应该培养人的自我教育的意识与能力，因为它对人的一生具有发展性和再生性价值。[①]这一研究中，叶澜区分了自我教育的层次与类别（见表4-6）。

表4-6 自我教育的层次与类别

特征	表 层		深 层	
	第一类	第二类	第三类	第四类
直接认识对象	外部世界中已有的知识或新技能等	在改造外部世界中遇到的新事物、新问题	主体外部活动的内部心理过程、状态	主体内部世界（部分或整体状态）
目的	掌握知识与技能	解决实践中的困难与问题，形成经验或理性认识	调节内部状态，发展自己，更好地完成外部活动	认识自己，发展、完善自己
承担者	学习主体与教育者"二位一体"	实践主体与教育者"二位一体"	认识主体与认识对象、教育者部分"三位一体"	认识主体与认识对象、教育者"三位一体"
活动主要动机	独立对外在知识或技能由感知、理解到掌握、运用	独立对外部对象进行分析、研究，寻找解决问题的途径	反思与活动相关的心理状态与过程，寻找改善、提高的途径	反思自身的精神和心理世界的状态，寻找发展自我的途径

从上表可以看，四类自我教育层次与类别的排列，实际上反映了一个人从接受外界教育逐步过渡到完全意义上的自我教育的一般发展过程。人只有形成了自我反思和自我发展的机制，才算具备自主发展的内部条件。如果教育要培养不仅能认识、把握外部世界，而且能认识和把握自己内部世界的真

---

① 叶澜.基础教育与学生自我教育能力发展［J］.上海教育科研：1996（8）：1-12.

正能自立的人，那么，就不能不注意完全意义上的自我教育的意识与能力的培养。那么，在什么情境下人的认识才会出现由外向内的方向性转换？不同情境引发的自我意识有何不同？通过研究，叶澜进一步区分六种情境下三大类型的自我意识（见表4-7）。①

表4-7 不同情境下可能引发的自我意识类型

特征	回溯析因型		现状评价型		未来选择型	
	一	二	三	四	五	六
引发情境	活动受阻，目标未达成或偏离	同一活动，与他人比较，结果相异	面临新的复杂任务	是否参与和他人竞争	对他人职业、生存状态、人格等的认同	面临人生发展中阶段性转换
中心问题	我为什么没有达到目标	我为什么做得与别人不同	我能不能承担新任务	我能不能胜过竞争对手	我想成为像……那样的人	我应该或可能成为……的人
思维指向	我已完成的行为过程或目标慎思	我与他人行为过程的比较	我的现状分析	我的现状与他人状态的比较	自我理想构建	理想自我的选择，我的现有状态、潜力分析

叶澜在这一研究中对人的自我意识和自我教育能力的确认，其实质是从人的发展是在生命长河中完成的事实出发，确立了人的内在力量之生成的核心目标及其与学校教育活动的内在联系。"从此以后，学生自我意识和自我教育能力的培养，成为我研究教育基本理论的核心构成。"②自此，叶澜有关"教育是什么"的核心概念形成了理论与实践的深度双向建构，相关认识也不断在双向滋养中深化。

（3）理想新人。1994年始，叶澜开展"新基础教育"探索性研究。在一定意义上，这一研究是"基础教育改革与学生自我教育能力发展"课题研究的延续。可以说，这一研究离不开叶澜对时代精神的把握。"时代精神，

---

① 叶澜.基础教育与学生自我教育能力发展[J].上海教育科研：1996（8）：1-12.
② 叶澜."生命·实践"教育学派——在回归与突破中生成[J].教育学报，2013（5）：10.

听起来似乎不可捉摸、虚无缥缈。其实，它弥漫在社会的各领域中，深深根植于社会经济的土壤里。因而，对时代精神变化的认识，必须涉及对社会经济领域变化的剖析。……发展加速、竞争激烈，使人类的生存环境呈现多变、多元、多彩、多险的飘忽迷离状态，平稳而单一的局面被打破，不确定性和可选择性同时增强。……无论是适应环境变化的加速，还是做出正确的选择，都是要有人，且富有主体精神的人才能实现。"①叶澜认为，时代精神呼唤人的主体性，"主体精神的问题已从哲学界的沙龙中、思想家的头脑里走出来，走向真实进行着改革的社会经济主战场，走向社会实践的各领域，走进想在改革中求生存、发展的每一个人的头脑中，并通过他们的实践行为实实在在地表现出来。正是从这个意义上我们说，一个呼唤人的主体精神的时代真实地到来了。这个时代需要能在多样、变幻的社会风浪中把握自己命运、保持自己追求的人，需要靠这样的新人来创造未来"②。当代中国社会的转型，使叶澜认识到"处在市场经济初建阶段的我国教育，虽然面临着经济大潮的冲击并受到前所未遇的许多新问题的困扰，但大潮能孕育出新的生命，这困扰会锻炼出新的勇士，只要我们善于驾驭，时代之潮会把我国的教育推向一个新的、无限广阔的天地"③。

叶澜深入思考当代中国社会转型发展对"理想新人"及其教育的必然需要，构建了包括教育价值观、对象观（学生观）和活动观三个层次十大观念的"新基础教育"观念系统。她说："当代，也许很难再出卢梭式的个别人物，但是，我们完全有可能，也有必要来共同再塑一个21世纪的'爱弥儿'。"④对于"理想新人"的培养目标，叶澜说："确认受教育者是一个具有能动发展需要与可能的生命整体，而不只是被动接受、由他人根据需要或目

---

① 叶澜.时代精神与新教育理想的构建——关于我国基础教育改革的跨世纪思考[J].教育研究，1994(10)：3-4.
②③ 同①：4.
④ 同①：3.

标去塑造的客体，更不是'物'。"①这样的人，"除了必须有当代意义上的强健体魄，健体的意识、知识与能力，以及养成终身坚持的健体习惯以外，还必须有强健的魂魄。我们称其为'精神素质'"②。"新人精神素质的目标结构由'三维双向'构成。'三维'是指对个体精神生命发展具有基础性价值的人之认知能力、道德品性及人格特征，是在体魄与魂魄相对二分以后，在'魂魄'整体中分列的'三维'，而不是传统意义上的德、智、体三分。'双向'是指三维中的每一维都包含着个体行为上两个相反的指向：一是个体指向外部世界的相互作用；一是个体指向内部精神世界的自我建构。'双向'虽然在方向上相反，实质却密切相关。只有内在自我强健和自觉构建者，才能更有价值和有效地实现与外部世界的相互作用；自我的发展与构建又在个体与外部世界相互作用的过程中通过反思逐渐完成。"③叶澜关于"理想新人"精神素质的"三维双向"目标见表4-8。

表4-8 "理想新人"精神素质的"三维双向"目标

三维	外部世界	内在精神世界
认知能力	1. 具备捕捉、组织各种信息和判断各种信息价值的能力，即处理信息的能力。 2. 具备对多种符号系统、逻辑程序的识别、关联和转换的能力。 3. 具有复杂思维能力：从"平面"到"立体"认知事物内在的层次结构；能多视角认识同一事物；能动态把握事物变化过程。	1. 具有对自己需求、能力、思维品质与策略、态度和行为的反思能力，以及根据反思的结果自觉进行自我调控的能力。可称为构建自我的认知能力。 2. 体察省悟能力：对自我在实践中的经历、体验、心态、期望、行为及结果等，发生直觉的、飞跃式的、富有哲理性的生命与人生的领悟。
道德品性	1. 处世之道：具有以"诚实守信"为核心的为人之德。 2. 行事之道：具备的基本道德品性是"责任心"。	立身之道："自我完善"是立身之道的基础性构成。

①②③ 叶澜."新基础教育"论——关于当代中国学校变革的探究与认识[M].北京：教育科学出版社，2006：202.

三维	外部世界	内在精神世界
人格特征	1. 具有自信。 2. 具有迎接挑战的冲动与勇气。	1. 具有承受挫折和战胜危机的顽强意志。 2. 具有人生理想。

可以看出，相较以前对"发展主体"及人的"自我意识"的阐述，叶澜对上述"三维双向"精神素质的构建更为详细具体，尤其是形成了一个较为完整的"理想新人"的"人"的形象，并以其为愿景引领合作学校开展真实的教育教学实践变革。"人是由自己的生命实践铸成的。一个人怎样活，就会成为怎样的人。日常生活的质量是生命质量的保证。我们如若要培养出理想新人，就要从改变学校的日常生活实践着手，而不只是一个方法、一个方面。"[1]自此，"理想新人"成为开展"新基础教育"研究的合作学校培养学生的愿景和参照，发挥了引领实践变革的重要作用。

（4）"生命自觉"概念的提出。2006年11月，在华东师范大学终身教授报告会上，叶澜的报告《教天地人事 育生命自觉——关于"教育"是什么的多维审视》对"教育是什么"做了基于中国传统文化的解读。后来在《"生命·实践"教育学引论（下）——关于以"生命·实践"作为教育学当代重建基因式内核及其命脉的论述》一文中，叶澜专门对"生命自觉"的内涵做了阐释："'生命·实践'教育学派对当今社会在教育中关于人的发展目标设定为：培育'人的生命自觉'……我们在此提到的'生命自觉'，并非人生而有之、不同于动物的能力，而是要在人的生命实践过程中逐渐养成，尤其是应在教育实践中有意识培育的一种需要、意识与能力。它不仅指教育应培育每个生命主体具有主动认识外部世界和积极承担社会责任，并在完成社会义务的实践中自觉地提升自己的生存能力和生命质量的意识与能力，而

---

[1] 叶澜. 个人思想笔记式的15年研究回望[M]//叶澜. 方圆内论道：叶澜教育论文选. 北京：中国人民大学出版社，2019：51.

且强调教育最为根本的目的是培养人对自己及其人生、生命发展及其成长过程的主动认识和策划,积极地成为实现自己人生理想的主人,成为能超越自我、把握自己命运的主人。"①这一段描述是对"生命自觉"内涵的界定,也是前述"发展主体""自我意识""理想新人"等概念内涵的延续。真正基于中国文化传统对"生命自觉"做深度拓展的论证,主要体现在《回归突破:"生命·实践"教育学论纲》这一著作之中。

叶澜通过对中国文化传统的特质、中国文化传统内蕴的教育精神与智慧的深入分析,认为:"蕴含在中国文化传统之中的中国古代教育传统,就其所达到的境界而言,可用'教天地人事,育生命自觉'来表达,并依此对'教育'的中国式理解,来贯通中国教育之古今,阐明我们对'教育'内在规定性的认识……(在此)可将'天地'作'自然界'解,'人事'作'社会界'解,其内涵十分丰富。简而言之,'天地人事'是'教'所要传递的文化内容,是外在已有的'类知识'。人类已积累的文化,包括价值、观念、理论、知识及行事规则等,相对于个体而言,是一种外在的'类知识'。'教'的任务,就是使个体接受这些外在的'类知识',并能为个人的生存发展所用。而'生命自觉'则指教育对于个体生命的最高价值,在于培育生命之自觉,这是人的精神力量的内在成长,是'育'的任务和指向。"②"'生命自觉'是自人出生、有生命于人世间后,从有意识到有自我意识,再到有自我生命发展意识与目标,并能发挥个人主动性把握自己的命运,实现自我的生命与社会价值的关于自我的自觉过程。这是一个漫长的、与人生俱在的过程,是人与动物在意识层面内在规定性上的根本区别,也是人的主体意识可达至的最高层面。人的生命自觉不是天生具有的,亦非在生

---

① 叶澜."生命·实践"教育学引论(下)——关于以"生命·实践"作为教育学当代重建基因式内核及其命脉的论述[M]//叶澜.命脉.桂林:广西师范大学出版社,2009:52.
② 叶澜.回归突破:"生命·实践"教育学论纲[M].上海:华东师范大学出版社,2015:282.

活过程中自然而然能生成，它需要好的教育促成……生命自觉又必须由每个个体的自觉意识和坚持努力方能形成。"[①]具体而言，"由教'天地人事'而达'生命自觉'之育，是一个涵蕴、转化的过程。所谓'涵蕴'是指'生命自觉'之育内在于'天地人事'之教的过程中，教与育不是两件分开的事项，尤其是'天地人事'中，人与事的内容本身就直接阐述着人的生命、生存、生活之道，直接在人的生命实践过程中，而'人事'又是中国教育内容的主要构成。故双方的关系是外与内的关系，育在教与学的过程中累积、化成。所谓'转化'，一是指外在的类文化转化为个体内在的人格，二是指外在的师之教转化为弟子内在的精神世界之充盈，直到生命自觉之形成"[②]。

叶澜对"生命自觉"赋予了当代教育学意义上的新内涵。她说："教育通过'教天地人事，育生命自觉'，实现人的生命质量的提升，体现教育中人文关怀的特质。……'教'是与'学'相对而言的，'育'是和'长'相对而言的。……'教'让人认识外部的'天地人事'，'育'让人长出内在的'生命自觉'，由此，人与外部世界的关系有可能从分裂转化为复合、理解、协调且自主的生存方式。……'育生命自觉'是教育中指向内在自我意识发展的重要使命。'生命自觉'主要包括：热爱生命与生活，悦纳自我，具有积极、自信的人生态度；具有反思自我，在人生中不断实现自我超越的信念和能力；具有策划人生、主动把握时机、掌握自我命运的智慧。'生命自觉'是教育最高境界的追求。……'空心病'的产生往往是对外部知识缺乏深刻的理解和兴趣，对自我缺乏认识，没有清晰的人生目标。……'教天地人事，育生命自觉'应贯穿于各级各类教育全程，是教育活动相互包含和转化的内外关系表达。两者不可分割，舍其一，则不成为完整的教育。'天地之道'是'自然之道'，'人事之道'是'社会之道'，天地之道和人事之

---

① 叶澜. 回归突破："生命·实践"教育学论纲 [M]. 上海：华东师范大学出版社，2015：287-288.
② 同①：287.

道,通过教育成为每个受教育者内在的'人心之道'。三'道'各有其内在逻辑,又相互呼应、相互丰润。"①叶澜的这些观点针对的是中国文化传统教人"安分守己"和当代中国人患的"空心病"。与中国古代教育传统中体现的对"生命自觉"培养的要求相比,叶澜提出的"生命自觉"不是只停留在或者只看重个人的修己立德,而是生命全整意义上的自觉,即人能在复杂变化的社会中,因生命自觉的强大而把握自己的命运,过好自己的一生。这是将教育与人的关系拓展为教育与人生的关系,使教育成为生成个体把握自身命运的人之力量——"生命自觉"成长的导引与促进力量。

上述"生命自觉"概念的发展过程,具有以下几个特点。

其一,体现了理论直觉、实践体认和文化自觉的内在融通。叶澜在20世纪80年代初赴南斯拉夫访学,这期间的学习对其形成方法论思想、系统论思维方式及教育学对"人"的研究等方面均产生了重要影响。回国后她敏锐地感知到中国教育学有关"人"的认识的僵化和局限。这种认识上的矛盾在一定意义上构成了她在《教育概论》中对"发展主体"之"能动性""主动性"的观点和"影响人发展的诸因素及其与发展主体的动态关系"的探讨的认识基础。叶澜不仅是一位理论家,还是一位实践家。在长期介入中小学实践变革的过程中,她更加体认到教育中"人"的生命活力与其生命实践之间的内在关联。作为一名中国教育学的研究者,她对重建当代教育学怀有强烈的责任感与使命感,且始终坚持中国教育学研究的原创性。

其二,体现了中国教育学者研究教育和教育学时的"中国文化"特性。中国文化传统在价值取向上,本就突显人的自强与自立,关怀人世间生存与世道的完善,且把"天人合一"看作最高层次的统一。"中国文化传统存在着对人自身力量之赞美与信任,强大的信心和崇拜,以及对人世间与生存相关之事、物、行、制、情、理的关系的构建与完善的关注。因此,中国文化

---

① 叶澜."生命·实践"教育的信条[N].光明日报,2017-02-21(13).

可称为以'人生世间为本'的文化。"①这一特征体现在"天行健,君子以自强不息"的中国先贤最早的哲学表达中,也体现在孟子之"大丈夫"等思想里,更体现在盘古开天、精卫填海、愚公移山、夸父逐日等民间神话传说之中。叶澜有关"生命自觉"内涵的认识,正是中国文化内涵中有关人的内在力量的当代中国教育学表达,也是迥异于西方教育学有关"教育是什么"问题的回答。对此,叶澜曾强调:"通过对'教天地人事,育生命自觉'这一关于'教育是什么'的中国式当代新释,阐明我们今日的教育观……'教天地人事,育生命自觉'是我们在系统研究中国文化与教育传统的特质之后,对古代教育传统之精神境界的浓缩式概括。"②

其三,体现了强烈的时代自觉,是对当下时代精神的中国教育学的回应。叶澜曾言:"教育理论的发展与时代有着内在的、直接的、多方面和多层次的关联。在一定意义上,教育理论属于'时代学'之列。……凡属'时代学'之列的学科,都是与人类和社会发展的实践密切相关的学科。"③可以说,叶澜是具有强烈时代自觉的人,对时代变化、变革十分敏感,"21世纪将造就一个新的时代。这不仅靠科学、技术的显性变革及发展,也需要来自人类在更广泛和深刻意义上对自身命运与发展的关注。……面对这样一个陌生的新世纪,我们能无动于衷?可以预见,新世纪教育理论的发展将有新的机遇、问题与挑战,将不只是上个世纪发展路线的简单延续或局部完善。在中国,教育理论将与社会改革开放、教育改革的深化同步,需要完成由近代向现代的转型,即实现教育理论形态上的整体转换。……中国的教育理论需

---

① 叶澜.回归突破:"生命·实践"教育学论纲[M].上海:华东师范大学出版社,2015:247.

② 同①:310-311.

③ 叶澜.世纪初中国教育理论发展的断想[J].华东师范大学学报(教育科学版),2001(1):1.

要又一次重建式的再生"①。因此,"当代中国"这样一个"千年未有之大变局"的特殊时空境遇是叶澜开展教育学思考和探究的前提,"理想新人"是她作为教育学者对时代变化的回答,"生命自觉"则是她对当下复杂、动态甚至浮躁、功利的社会的教育学回应,即"当代中国教育对人的生命关怀,最终须聚焦到个体'生命自觉'之形成……当今世界与中国社会的开放互动,在带来发展与繁荣的同时,也出现了复杂变幻、信息碎片、价值多元,以及由社会诚信度降低等因素造成的个体生存风险与浮躁不安……在这样的社会,个体要做到'安身立命',自然比起古代社会的人要艰难得多,也就越发需要人有出自生命自觉的'内在定力'。教育只有培养个体的'内在定力',才算找准了自己的目标,才可能充分发挥教育对于社会和个体不可替代的价值"②。

其四,体现了理论与实践的双向滋养与建构。从"发展主体"到"自我意识"再到"理想新人",最后聚焦于"生命自觉",叶澜的研究是"理论适度先行"。她提出"二层次三因素论",然后到上海市普陀区洄阳路小学开展"基础教育改革与学生自我教育能力发展"课题研究,在实践中验证、完善有关"发展主体"的认识,系统阐述人的"自我意识和自我教育能力";她提出"理想新人"构想,然后介入中小学教育变革实践开展"新基础教育"研究,通过学校管理、学科教学与学生工作三方面的变革推进学校整体转型,在研究性变革实践中进一步体认教育与人的发展的内在关系;在"新基础教育"研究发展至成型性阶段,她投入"生命·实践"教育学学派建设,基于对教育学"学科基因"和"学科命脉"的理论探索提出"生命自觉"概念;2006年后,她以"生命自觉"之概念引领广大中小学开展"新基础教育"研究,特别是在2018年5月12日江苏常州举行的全国"新基础教

---

① 叶澜.世纪初中国教育理论发展的断想[J].华东师范大学学报(教育科学版),2001(1):3.
② 叶澜.回归突破:"生命·实践"教育学论纲[M].上海:华东师范大学出版社,2015:311.

育"共生体第十次会议上,提出"新时期'新基础教育'研究再出发",主张将"生命自觉"认识落实到学科育人价值的全面深度研究和学校综合活动育人价值的充分开发实践中去,追求"依教育所是而行,达自然而然之境"的办学新境界。

三、"生命·实践"教育学思想的主要贡献

自19世纪末中国引入教育学以来,广大教育学人围绕这一学科的独特性、独立性、科学性等问题进行探究,而有关这一学科的本土化和原创性问题引发大量争论。综观叶澜的教育学学术生涯,她一直直面这些问题并分别一一做出自己的回答。叶澜在逐步创生"生命·实践"教育学理论的过程中,开辟了当代中国教育学的一种新气象。

(一)清理了当代教育学重建的根基

教育学在200多年的发展过程中积累了许多"老问题""大问题""难问题",如教育学与其他学科的关系问题、教育学的学科性质问题、教育学的科学性问题、教育学的独立性问题、教育学的独特性问题、教育学理论与教育实践的关系问题等等。这些问题构成叶澜几十年教育学研究的主题。通过持续思考和探究,她对上述问题有了新的回答,这些回答为重建当代教育学奠定了新的根基。在这一意义上,"生命·实践"教育学理论是当代教育学重建的中国方案和中国突破。

(二)深化了当代中国教育学重建的努力

为了推进教育学在中国的发展,一代代教育学人前赴后继。但客观地说,许多研究进展不大,具有明显突破和鲜明原创性的不多。叶澜通过对教育学学科自我、学科立场、学科基因、学科命脉等方面的不断追问,使中国

教育学的学科边界日趋清晰，让我们对"教育是什么"和"教育学是什么"这两大关键问题有了更加明确的答案。另外，她通过多年的"新基础教育"研究，使中国教育学理论与中国原发性教育问题、原始性教育素材和原创性实践智慧之间形成双向互动关系，使中国教育学的中国特征更加突出。在一定意义上可以说，"生命·实践"教育学理论是21世纪解释和回答中国教育实践问题、推进中国教育实践变革的中国自己的教育学理论。

（三）融通了当代教育学重建与中国文化传统的关联

教育学在中国的发展经过了多次推倒重来式重建，每一次"推倒"在相当程度上加剧了与中国文化传统的割裂。教育学说到底是一门西方的学问，而中国教育自有自己的传统和根本。因此，如何将教育学与中国教育、中国传统、中国文化建立起内在关联是彰显中国教育学发展之"中国性"的内在要求和现实需求。叶澜通过对中国文化经典的深入阅读和对中国文化传统的深度解读与理解，将教育与教育学研究和中国的文化与教育精神、中国思维方式、中国文化的价值取向等联系在一起，从中国文化传统及其内在精神来理解和阐发教育与教育学，提出"生命·实践""生命自觉"等具有典型中国文化特征的教育学核心概念，并以这些概念为"学科基因"，重建教育学理论，深化学校教育实践变革。因此可以说，"生命·实践"教育学是有中国精神、中国气质的教育学理论。

参考文献

一、著作

[1] 金林祥.20世纪中国教育学科的发展与反思[M].上海：上海教育出版社，2000.

[2] 李家成."新基础教育"学生发展与教育指导纲要[M].桂林：广西师范大学出版社，2009.

[3] 李晓文.学生自我发展之心理学探究[M].北京：教育科学出版社，2001.

[4] 李晓文.青少年发展研究与学校文化生态建设[M].北京：教育科学出版社，2010.

[5] 李政涛.教育学科与相关学科的"对话"——从知识、科学、信仰和人的角度[M].上海：上海教育出版社，2001.

[6] 牟宗三.历史哲学[M].桂林：广西师范大学出版社，2007.

[7] 杨国荣.成己与成物——意义世界的生成[M].北京：人民出版社，2010.

[8] 叶澜.教育研究及其方法[M].北京：中国科学技术出版社，1990.

[9] 叶澜.新编教育学教程[M].上海：华东师范大学出版社，1991.

[10] 叶澜.教育概论[M].北京：人民教育出版社，2006.

[11] 叶澜.教育研究方法论初探[M].上海：上海教育出版社，1999.

[12] 叶澜."新基础教育"探索性研究报告集[M].上海：上海三联书店，1999.

[13] 叶澜."新基础教育"推广性研究教师指导用书（初中部分）[M].上海：上海三联书店，2000.

[14] 叶澜."新基础教育"发展性研究报告集[M].北京：中国轻工业出版社，2004.

[15] 叶澜.全球化、信息化背景下的中国基础教育改革研究报告集[M].上海：华东师范大学出版社，2004.

[16] 叶澜."新基础教育"论——关于当代中国学校变革的探究与认识[M].北京:教育科学出版社,2006.

[17] 叶澜.立场[M].桂林:广西师范大学出版社,2008.

[18] 叶澜.基因[M].桂林:广西师范大学出版社,2009.

[19] 叶澜.命脉[M].桂林:广西师范大学出版社,2009.

[20] 叶澜."新基础教育"成型性研究报告集[M].桂林:广西师范大学出版社,2009.

[21] 叶澜,李政涛,等."新基础教育"研究史[M].北京:教育科学出版社,2010.

[22] 叶澜.回归突破:"生命·实践"教育学论纲[M].上海:华东师范大学出版社,2015.

[23] 叶澜.俯仰间会悟:叶澜随笔读思录[M].北京:中国人民大学出版社,2019.

[24] 叶澜.方圆内论道:叶澜教育论文选[M].北京:中国人民大学出版社,2019.

[25] 叶澜.变革中生成:叶澜教育报告集[M].北京:中国人民大学出版社,2019.

[26] 张向众,叶澜."新基础教育"研究手册[M].福州:福建教育出版社,2015.

二、论文

[1] 冰火.南斯拉夫教育科研中的方法论问题[J].外国教育资料,1986(1):9-13.

[2] 高维,郝林玉.教育隐喻与理论创新——叶澜先生教育思想中的隐喻研究[J].基础教育,2019(1):5-14.

[3] 李政涛.追寻中国教育学重建的原点——"生命·实践"——叶澜学术思想及研究实践述要[J].国家教育行政学院学报,2005(12):6-14.

[4] 李政涛.什么是"教育基本理论"[J].高等教育研究,2020(3):1-17.

[5] 孙元涛."社会教育力"的概念审议与价值论证——"社会教育力"专题研讨会综述[J].教育研究,2017(5):156-159.

[6] 谭维智.教育学核心概念的嬗变与重构——基于新时代中国特色教育学话语体系建构的思考[J].教育研究,2018(11):25-33.

[7] 吴康宁."有意义的"教育思想从何而来——由教育学界"尊奉"西方话语的现

象引发的思考[J].教育研究,2004(5):19-23.

[8] 王明娣,王鉴.论叶澜先生的课堂教学论思想[J].西北师大学报(社会科学版),2015(1):68-72.

[9] 杨国荣.成己与成物——意义世界的生成[J].学术界,2008(5):47-56.

[10] 杨晓雍.科学始于概念[J].科学技术哲学研究,1990(4):16-20.

[11] 叶澜.论影响人发展的诸因素及其与发展主体的动态关系[J].中国社会科学,1986(3):83-98.

[12] 叶澜.关于加强教育科学"自我意识"的思考[J].华东师范大学学报(教育科学版),1987(3):23-30.

[13] 叶澜.试论当代中国教育价值取向之偏差[J].教育研究,1989(8):23-29.

[14] 叶澜.教育两大功能关系之探究[J].教育研究,1990(1):6-12.

[15] 叶澜.时代精神与新教育理想的构建——关于我国基础教育改革的跨世纪思考[J].教育研究,1994(10):3-8.

[16] 叶澜.让课堂焕发出生命活力——论中小学教学改革的深化[J].教育研究,1997(9):3-8.

[17] 叶澜.新世纪教师专业素养初探[J].教育研究与实验,1998(1):41-46.

[18] 叶澜.反思 学习 重建——十五年学术探索的回顾[J].天津市教科院学报,2000(4):4-13.

[19] 叶澜.世纪初中国教育理论发展的断想[J].华东师范大学学报(教育科学版),2001(1):1-6.

[20] 叶澜.思维在断裂处穿行——教育理论与教育实践关系的再寻找[J].中国教育学刊,2001(4):1-6.

[21] 叶澜.重建课堂教学价值观[J].教育研究,2002(5):3-7.

[22] 叶澜.重建课堂教学过程观——"新基础教育"课堂教学改革的理论与实践探究之二[J].教育研究,2002(10):24-30.

[23] 叶澜.教育创新呼唤"具体个人"意识[J].素质教育大参考,2003(4):6-7.

[24] 叶澜.中国教育学发展世纪问题的审视[J].教育研究,2004(7):3-17.

[25] 叶澜.当代中国教育变革的主体及其相互关系[J].教育研究,2006(8):3-9.

[26] 叶澜. 大学专业人员在协作开展学校研究中的作用 [J]. 中国教育学刊, 2009 (9): 1-7.

[27] 叶澜. "生命·实践"教育学派——在回归与突破中生成 [J]. 教育学报, 2013 (5): 3-23.

[28] 叶澜. 课堂教学过程再认识: 功夫重在论外 [J]. 课程·教材·教法, 2013 (5): 3-13.

[29] 叶澜. 大中小学合作研究中绕不过的真问题——理论与实践多重关系的体验与再认识 [J]. 教育发展研究, 2014 (20): 1-5.

[30] 叶澜. "新基础教育"内生力的深度解读 [J]. 人民教育, 2016 (3/4): 33-42.

[31] 叶澜. 终身教育视界: 当代中国社会教育力的聚通与提升 [J]. 中国教育科学, 2016 (3): 41-67.

[32] 叶澜. 教育的魅力, 应从创造中去寻找 [J]. 内蒙古教育, 2016 (4A): 7-11.

[33] 叶澜. 社会教育力: 概念、现状与未来指向 [J]. 课程·教材·教法, 2016 (10): 3-10.

[34] 叶澜. 探教育之所"是", 创学校全面育人新生活——新时期"新基础教育"研究再出发 [J]. 人民教育, 2018 (13/14): 10-16.

[35] 叶澜. 溯源开来: 寻回现代教育丢失的自然之维——《回归突破: "生命·实践"教育学论纲》续研究之二 (上编·其一) [J]. 教育发展研究, 2018 (2): 1-13.

[36] 叶澜. 溯源开来: 寻回现代教育丢失的自然之维——《回归突破: "生命·实践"教育学论纲》续研究之二 (上编·其二) [J]. 教育发展研究, 2018 (3): 26-37.

[37] 叶澜. 溯源开来: 寻回现代教育丢失的自然之维——《回归突破: "生命·实践"教育学论纲》续研究之二 (中编) [J]. 中国教育科学, 2020 (1): 3-17.

[38] 叶澜. 溯源开来: 寻回现代教育丢失的自然之维——《回归突破: "生命·实践"教育学论纲》续研究之二 (下编) [J]. 中国教育科学, 2020 (2): 3-29.

[39] 叶澜. 转化融通在合作研究中生成——四论教育理论与教育实践的关系 [J]. 教育研究, 2021 (1): 1-21.

[40] 叶澜、李政涛、吴亚萍.学校转型性变革中的评价改革——基于"新基础教育"成型性研究中期评估的探究[J].教育发展研究,2007(4A):1-10.

[41] 叶澜,罗雯瑶,庞庆举.中国文化传统与教育学中国话语体系的建设——叶澜教授专访[J].苏州大学学报(教育科学版),2019(3):83-91.

[42] 叶澜,吴亚萍.改革课堂教学与课堂教学评价改革——"新基础教育"课堂教学改革的理论与实践探索之三[J].教育研究,2003(8):42-49.

[43] 余小茅,毛丹丹.试论叶澜人学教育学思想[J].基础教育,2019(6):5-11.

后 记

写这本书很有挑战性,因为我们是第一次写以"概念"为主题的著作,担心把握不住这些概念的生成过程和彼此间的内在联系。总体上看,叶澜作为当代中国具有代表性的教育学家,在教育基本理论、教育研究方法论、教育学学科重建等方面建树颇多,表现出较为完整的系统性;实践研究则以"新基础教育"研究这一院校合作的平台为载体,主动深度介入到以学校为基本单位的基础教育变革中去,通过与广大中小学校长、教师的深度合作、交流、沟通,在研究性变革实践中创造、发现、汲取智慧,既为学校的整体转型提供方案,也为透视当代中国教育改革提供具有原创性的教育改革理论。通过概念梳理,我们可以清晰地感受到她教育(学)研究及思想中概念生成的基本逻辑。

1. 历史的逻辑。在教育理论研究上,叶澜善于从历史回顾入手,展现某一主题的来龙去脉、前因后果,在此基础上确定当下研究的新背景、新起点和可能切入点,从而形成自己研究的独特性。例如,在有关教育学学科性质、学科独立性的研究中,叶澜从西方学科观的历史演变入手,深入探讨学科古典初成期以亚里士多德为代表的学科观、近代经典期以培根为代表的学科观和现代爆炸期以狄尔泰、杜威、皮亚杰及华勒斯坦等为代表的学科观,呈现出"学科是什么"的清晰历史认知脉络。由此"我们至少可以得出一个新的结论：今后，学科分类可增加一个两分标准：经典常规学科和新兴复杂学科。两类学科并无高低之分，只存在方法论意义上的区别。两类学科都拥有发展的潜能，在一定程度和条件下会出现沟通与互补，而非绝对两分，更不是完全对立。教育学在新兴复杂学科群中，会有自己的广阔天地"[1]，进而得出教育学是复杂/综合性学科的"再认识"[2]。同时，她对西方及中国教育学研究中有关教育学学科独立性的研究史进行了整体回顾，对各种观点进行归类、剖析、评价，然后在此基础上提出自己的观点，做出自己的判断。[3] 再如，她通过对中国教育学科百年发展史的整体回顾，把研究角度放在教育学百年发展历程中存在于每个阶段、以不同方式出现的共同问题上，概括出政治、意识形态与学科发展的关系，教育学发展中的中外关系，教育学的学科性质等三大中国教育学的"世纪问题"。[4] 由此，她的研究视角和结论与常见的中国教育学史研究形成了鲜明差异。此外，她还基于发生学角度对教育研究展开整体回顾[5]，确认不同时期不同代表人物的教育研究方法论思想及其当代启示；通过对当代中国教育改革的回溯与反思和对中国学校转型性变革的百年回溯[6]，判定当代中国教育改革的性质、任务和主体结

---

[1] 叶澜.回归突破："生命·实践"教育学论纲[M].上海：华东师范大学出版社，2015：96.

[2] 同[1]：157.

[3] 同[1]：97-143.

[4] 叶澜.中国教育学发展世纪问题的审视[J].教育研究，2004(7)：3-17.

[5] 叶澜.教育研究方法论初探[M].上海：上海教育出版社，1999：28-123.

[6] 叶澜."新基础教育"论——关于当代中国学校变革的探究与认识[M].北京：教育科学出版社，2006：99-194.

构；还有关于教育与自然关系的"溯源开来"[1]；等等。因此，叶澜的教育思想和理论呈现出非常突出的历史纵深感。

叶澜教育思想核心概念生成的历史逻辑也是一种时代逻辑。"教育是一个历史范畴。其中，既有一脉相承的价值标准，其本义未变，而在不同时代、不同社会—文化之中，教育的内涵不免发生历史性的变化。"[2]叶澜始终强调教育学是一门"时代学"[3]，因此她思想中的核心概念总是传递和蕴含着当下这个时代的基本精神和核心价值观，努力将历史与当下、传统与现代贯通。关于"教育是什么"的"教天地人事，育生命自觉"的回答，即是这一逻辑的具体体现。

2. 理论的逻辑。教育理论有其自身的内在逻辑，叶澜善于把握并依循这一逻辑开展抽丝剥茧式的相关研究。如对"教育是什么"的探究，她从多个理论维度对"教育"这一概念进行多重界定。首先，她对教育进行划界式界定，从与其他非教育活动相区分的角度确定"教育是有意识地以影响人的身心发展为直接目标的社会活动"[4]。其次，她对教育进行结构性界定，从构成性和过程性两个维度展开：从构成性维度提出以学校教育为代表的狭义教育和广义教育；从过程性维度提出教育活动过程由贯穿于教育活动全程的一系列基本要素构成，它们是教育之目的与策略、内容与组织方

---

[1] 叶澜.溯源开来：寻回现代教育丢失的自然之维——《回归突破："生命·实践"教育论纲》续研究之二（中编）[J].中国教育科学，2020（1）：3-17；叶澜.溯源开来：寻回现代教育丢失的自然之维——《回归突破："生命·实践"教育论纲》续研究之二（下编）[J].中国教育科学，2020（3）：3-29.

[2] 陈桂生.教育学究竟是怎么一回事——略议教育学的基本概念[J].教育学报，2018（1）：4.

[3] 叶澜.世纪初中国教育理论发展的断想[J].华东师范大学学报（教育科学版），2001（1）：1-6.

[4] 叶澜.教育概论[M].北京：人民教育出版社，2006：10.

式、方法与手段、成效检测与调整①。最后，她对教育进行功能性界定，提出"教育是具有直接影响个体多方面发展的内功能和间接影响社会多方面发展的外功能的独特社会活动"②。这种对教育的多维多层界定，比以往单一的定义更加丰富而全面，有助于我们认识教育在不同层面、不同维度体现其内在规定性的核心载体和形态，辨析现实社会中教育的偏差与问题。与"教育"这一概念的理论分析类似，叶澜对影响人发展的"二层次三因素论"、作为教育研究对象的"教育存在"、教育研究的"事理研究"性质、教育学"学科立场"、教育学"学科基因"等的剖析均展现了这些概念所蕴含的内在理论逻辑。

说到底，叶澜教育思想核心概念生成的理论逻辑是一种学科逻辑。教育学具有非常强的综合性，需要吸收转化其他学科的很多概念及其内涵，对教育、教育学、人的成长、学校发展等进行整体思考。叶澜教育思想的核心概念当然也涉及其他学科，但她从不简单进行拿来主义式的移植演绎，而是注重结合教育、教育学、人的成长、学校发展等方面的独特性，以教育学的学科立场与眼光进行批判、吸收、转化，凸显教育与教育学思想相关概念的独特性。

3. 实践的逻辑。实现教育研究的"上天入地"，促进教育理论"有字书"与教育实践"无字书"之间的双向建构与交互生成，是叶澜学术研究的一贯追求和遵循的方法论原则。因此，其教育思想中许多核心概念的生成表现出十分鲜明的实践逻辑特征。如对"教学"这一概念内涵的分析，她基于长期对中小学课堂教学变革的实践介入，对我国学校课堂教学存在的问题有清醒认知，"在现实的

---

① 叶澜. 回归突破："生命·实践"教育学论纲 [M]. 上海：华东师范大学出版社，2015：177-178.

② 同①：181-182.

课堂教学中呈现出的价值观与教师抽象地谈论着的教学价值观相去甚远。其中最基本的缺失是对学生作为活的生命体的多方面发展需要的关注"①。为此,她重构了课堂教学价值观,提出了"新教学价值观的三重结构"②。她基于长期对课堂教学过程的观察,对"教师主导、学生主体"和"学生中心"的"教"与"学"割裂的教学过程理论认识进行批判,提出重建分析教学过程的基本单位,"将'教学'看作是不可分割的、具有内在关联,一旦割裂就不构成教学活动的基本单位,而不是将'教'与'学'当作两个分析单位,再来寻找两个分析单位的关系"③。由教学分析基本单位的转换,她重建了"有向开放—交互反馈—集聚生成"的教学过程逻辑④。这些从实践中来的理论亦成为"新基础教育"研究中广大中小学开展课堂教学改革的基本理论依据和实践变革参照系。此外,"班级建设""教师发展""学校管理"等概念亦由于叶澜对实践逻辑的把握被赋予了全新内涵。不仅如此,叶澜还基于实践逻辑创生了许多全新概念,如"推进性评价""研究性变革实践""校园新生活"等等。

从根本上说,教育研究的实践逻辑也是一种文化逻辑。"一旦我们强调教育思想的实践属性,那就不能不承认,由于实践总是特定时空中的实践,悬离于特定文化与社会境脉之外的教育实践并不存在。且由于教育思想构建过程本身也是在特定文化与社会境脉中进行的,因此,尽管特定文化与社会境脉可能具有某种类型代表

---

① 叶澜."新基础教育"论——关于当代中国学校变革的探究与认识[M].北京:教育科学出版社,2006:248.
② 同①:249-258.
③ 同①:268.
④ 同①:273.

性,并在一定程度上反映出人类文化与社会的某些共同特征,但任何教育思想都首先是体现着或蕴含着特定文化与社会的属性,反映着特定文化与社会之价值诉求的。即是说,教育思想构建者生存于其中的特定文化与社会境脉也'参与了'教育思想的构建。"① 叶澜教育思想核心概念生成中的文化逻辑首先表现在她作为一个中国教育学人,身上蕴含着中国传统知识分子的"士人"特征——入世独立、自立自强,还表现在她体现中国传统文化整体综合、转化生成的思维方式上②,更表现在她将中国文化、中国传统作为当代教育学重建的"命脉"上③。

作为叶澜的学生,以前虽然对其著述有过系统、整体的阅读,但更多以一篇篇、一本本的方式打开,而非聚焦"概念生成",将这些一篇篇、一本本贯通起来。此次写作经由这种贯通,让我们对叶澜教育(学)思想有了更全面的理解,才会有上述几种逻辑的反思和其独特与创造的深切体会。

感谢"生命·实践"教育学派团队的信任,几次对本书提纲开展讨论,使我们对"概念""概念群""概念生成"逐步形成较为精准的把握;尤其感谢丛书主编王枬教授,对书稿格式、体例、行文等进行不厌其烦的修改。

最后,深深感谢叶澜老师,她对时代变化和社会变革的敏感始终启迪着我们,她对教育学学科和基础教育的深沉思考始终指引着

---

① 吴康宁."有意义的"教育思想从何而来——由教育学界"尊奉"西方话语的现象引发的思考[J].教育研究,2004(5):20.
② 叶澜.回归突破:"生命·实践"教育学论纲[M].上海:华东师范大学出版社,2015:243-262.
③ 叶澜,罗雯瑶,庞庆举.中国文化传统与教育学中国话语体系的建设——叶澜教授专访[J].苏州大学学报(教育科学版),2019(3):83-91;叶澜.中国哲学传统中的教育精神与智慧[J].教育研究,2018(6):4-7.

我们，她对我们的爱与期待始终感染、激励着我们。因为有了叶澜老师及其开辟的"新基础教育"研究道路和"生命·实践"教育学理论，我们成为我们，一起努力探寻教育与教育学真谛。我们相信，我们将一直一起走下去。

著者

2021年6月